아이들은 어떻게
성장하는가

First Published 1928
by
George Allen & Unwin Ltd
This edition published
by
Cedric Chivers Ltd
by arrangement with the copyright holder
at the request of the Library Association
1970

Talks to Parents and Teachers
Korean translation right ⓒ Mindlre Publishing Co. 2011

아이들은 어떻게 성장하는가

호머 레인 씀 | 김영란 옮김

민들레

아이들은 어떻게 성장하는가

초판 1쇄 인쇄 | 2011년 4월 30일
2판 2쇄 발행 | 2018년 3월 20일

지은이 | 호머 레인
옮긴이 | 김영란
펴낸이 | 현병호
편 집 | 김경옥, 홍미진
디자인 | 전인애
펴낸곳 | 도서출판 민들레
주 소 | 서울시 성북구 보문로 34가길 24
전 화 | 02) 322-1603
전 송 | 02) 6008-4399
전자우편 | mindle98@empas.com
홈페이지 | www.mindle.org

ISBN | 978-89-88613-44-3 03370

이 도서의 국립중앙도서관 출판시도서목록(CIP)은
e-CIP 홈페이지(www.ni.go.kr/cip.php)에서 이용하실 수 있습니다.
(CIP 제어번호: CIP2011001779)

값은 뒤표지에 있습니다.

추천의 말

아이들 위에 얹힌 무거운 돌멩이들이
하루 빨리 치워지는 날이 오기를 기원하며

세계에서 가장 자유로운 학교로 알려진 서머힐(Summerhill)을 설립한 니일(A.S. Neill)은 자서전에서 "호머 레인은 내게 가장 많은 영감을 준 사람이다. 그는 어린이의 심리를 이해하는 데 가히 천재였다"고 했다. 그리고 자기가 레인으로부터 배운 것은 "인간의 본성은 선하고 악하지 않다"는 것과 "아이들을 올바로 키우기 위해서는 무엇보다 아이들의 편이 되어 주어야 한다"는 것이었다고 말했다.

이십 세기 초 영국에 리틀 코먼웰스(The Little Commonwealth)라는 감화원을 세워 이른바 문제아들을 자유自由와 자치自治에 의해 훌륭히 치유한 호머 레인(Homer Lane)의 사상을 필자는 다음과 같은 예로 설명할 수 있다고 본다.

이른 봄, 겨우내 얼어붙었던 땅을 뚫고 여린 새싹이 막 돋아나기 시작한다. 이때 그 위에다 돌멩이 하나를 얹어 놓아 보자. 그 싹은 눌려 죽지 않고 강한 생명력으로 옆으로 삐져 계속 자라난다. 그럴 때 얹었던 돌멩이를 치워 보라. 그러면 누웠던 줄기가 계속 옆으로 자라는 것이 아니라 똑바로 일어서 위를 향해 자라기 시작한다. 그 싹은 본래 똑바로 자라려는 강한 본성을 갖고 있기 때문이다.

니일이 레인을 만나기 위해 처음 코먼웰스를 찾았을 때 예상과는 달리 너무도 좋아 보이는 아이들의 모습에 놀라, "어떻게 이럴 수가 있느냐?"고 물었을 때 레인의 대답이 이러했으리라고 나는 짐작한다.
"문제아들은 돌멩이에 눌려 옆으로 삐져 자란 어린 싹의 모습인데 그 위에 얹힌 돌멩이를 치워 주었더니 이렇게 똑바로 자랍디다."
그러면 도대체 그 돌멩이를 누가 얹었단 말인가? 그것은 부모일 수도 있고, 교사일 수도 있으며 사회일 수도 있다. 그러나 세상의 어느 부모, 교사가 아이들에게 잘못되라고 일부러 돌멩이를 얹는단 말인가? 그들은 자기 나름대로 자녀나 제자를 잘 기른답시고 열심히 한 일이 결과적으로 그렇게 되었을 수 있다. 그것은 그들이 아이들의 본성 즉 아이들이 시기 시기에 따라 무엇을 원하며, 무엇을 하고 싶어 하고 하기 싫어하는 존재들인지를 잘 알지 못하기 때문이라는 것이 레인의 주장이다.
따라서 이 책은 제대로 된 좋은 부모나 교사, 어른이 되려는 이들이 반드시 읽어야 할 책이다. 청소년 문제가 일어나지 않게 하는 가장 확실하고 근본적인 방책을 제시하고 있기 때문이다.

　이 책의 1부는 아이들의 성장단계에 따른 심리적 특성을 짚으면서 부모와 교사들이 주의해야 할 점을 들려준다. 2부는 코먼웰스 아이들과의 경험을 통해 사랑과 믿음의 교육이 어떤 변화를 낳는지 흥미로운 사례로 들려준다. 부록에 실린 호머 레인에 대한 니일의 이야기는 독자들로 하여금 호머 레인의 이야기에 균형점을 갖게 도와줄 것이다.

　부모이자 교사이면서 문제 청소년들과도 만나고 있는 역자가 간결하고 정확한 문체와 정성으로 이 책을 다시 번역해 내주었다. 30여 년 전 이 책을 번역하여 호머 레인을 우리나라에 처음 소개한 바 있는 필자로서는 절판된 이 책이 세상에 다시 나오게 된 것을 매우 기쁘고 고맙게 생각하는 바이다.

　이 책이 교육열로 유명한 우리나라의 부모와 교사들에게 필독서로 널리 읽혀 좋은 부모와 교사들이 되게 함으로써 우리 아이들의 얼굴이 한결 생기 있고 행복해지는 날이 어서 오기를 고대한다.

2011년 4월

김은산(한국자율교육학회 고문, 전 홍익대 교수)

차례

아이들은 어떻게 성장하는가

추천의 말   005

1부 아이들의 성장단계에 따른 심리 이해하기

1장 유아기, 정신적 힘은 어떻게 자라나는가   013

    정신적 만족감_주먹을 입으로 가져가는 행위 속에 숨은 정신적 욕구   013
    자신감은 어떻게 형성되는가_어려움을 극복하는 즐거움   016
    호기심과 안전_뭔가를 금지할 때 주의해야 할 것   019
    어린아이의 자기 교육을 북돋우기_창조적 충동이 더 중요한 이유   025
    감수성의 성장_어린아이에게 사랑과 이타심을 바라서는 안 되는 까닭   027
    젖 먹이기_시간제 수유와 젖병 수유의 문제점   032
    젖떼기Ⅰ_고무젖꼭지는 왜 나쁜가   035
    젖떼기Ⅱ_수유기의 욕구불만이 낳는 결과   037
    젖떼기Ⅲ_적절한 흥밋거리 제공하기   041
    아이의 발달단계에 맞는 장난감_이가 날 무렵에 좋은 장난감   044
    자기주장과 장난감_새로운 장남감을 줄 때 주의해야 할 점   048
    배변과 위생_변비의 정신적 측면   051
    유년기의 성_도덕과 비도덕의 이분법을 넘어서   053
    종교와 도덕_아이에게 해로운 영향을 미칠 때   056

2장 상상의 시기가 아이들에게 필요한 까닭   061

    상상의 세계 속으로_열등감을 보상 받고 싶은 욕구   061
    상상력의 원천_금지당한 것을 하고 싶은 욕망   063
    상상력이 아이에게 주는 것Ⅰ_우월성, 행복, 힘   067
    상상력이 아이에게 주는 것Ⅱ_자기 보존 본능과 거짓말   070
    상상력이 아이에게 주는 것Ⅲ_출생에 대한 호기심과 성교육   073

3장 자기를 주장하는 시기   080

    고분고분하게 말 잘 듣는 아이를 더 걱정해야 하는 까닭   080
    '눈에 띄게' 착하거나 '눈에 띄게' 나쁘거나   084
    공격 본능과 협동 본능_또래 집단이 필요한 까닭   089
    자유로운 역할놀이_권위로부터의 해방을 경험하기   094

4장 충성심의 시기   100

    청소년기_사회적 본능이 깨어나는 시기   100
    집단의식과 권위_군중으로서의 아이들   107

5장 아이들은 어떻게 성장하는가   111

    범죄와 유아기의 상관 관계_인간의 본성과 자유   111
    예의와 열등감_아이들의 창조성을 가로막는 열등의식   114
    소유의 행복, 창조의 행복_무의식과 신에 대한 관념   117
    양심과 본능_본능을 조화롭게 통합하기   126
    놀이와 창조성_아이들의 성장단계에 맞는 놀이   128
    벌주기_아이들의 능력을 꺾는 지름길   135

2부 아이들의 문제 행동 통찰하기

1장 작은 공화국, 리틀 코먼웰스 **143**

2장 벌은 어떻게 아이들을 망치는가 **149**

3장 파괴적인 에너지 전환시키기 **159**

4장 거짓 권위와 참된 권위 **171**

5장 학습의 두려움에서 해방되기 **181**

부록

서머힐을 만든 A.S. 니일이 말하는 호머 레인 **192**

옮긴이의 말 **203**

1부 아이들의 성장단계에 따른 심리 이해하기

> 교육은 아이들 내면에 있는
>
> 영적인 요소를 일깨우는 것이다.
>
> 어른들이 그것을 집어넣어 줄 수는 없다.
>
> 그것은 인간의 내면에서 나오며
>
> 묶어 두거나 방해할 수 없다.
>
> 어린아이의 주먹을 입에 갖다 대주어
>
> 아이가 하고자 하는 일을 거든다면,
>
> 그것은 아이에게 정신적 기쁨 대신
>
> 단순한 감각적 기쁨을 맛보게 한 것이며
>
> 아이의 성장에 가장 중요한 것을
>
> 얻지 못하게 방해한 것이다.

유아기, 정신적 힘은
어떻게 자라나는가

정신적 만족감
주먹을 입으로 가져가는 행위 속에 숨은 정신적 욕구

이제 막 태어난 아이는 의식하지 않은 상태에서도 자기에게 필요한 것이 무엇인지 온전히 알고 있다. 아이는 무의식적으로도 숨을 쉴 줄 아는데, 세상에 나오는 순간 공기를 마시기 위해 소리를 질러 숨을 들이마심으로써 폐가 활동하도록 한다. 이것이 아이가 태어나 처음으로 하는 행동인 울음을 터뜨리는 일이다. 마찬가지로 아이는 엄마 젖을 빠는 법을 알고 있다. 이처럼 갓 태어난 아이는 살아가는 데 필요한 것을 온전하게 갖추고 있다. 아기가 갖추고 있는 지식은 무의식 속에 각인되어 있는 지식이다.

부모들은 갓난아이를 그냥 먹여 주기만 하면 되는 작은 생명체로 생각하지만 그것은 큰 오해다. 최초 발달단계에 있는 인간의 정신에는 서로 다른 두 욕구가 있다. 보존하려는 욕구와 창조하려는 욕구, 곧 무엇을 지키려는 욕구와 실험해 보려는 욕구다. 다시 말하면, 이전에 경험한 적이 있는 기분 좋은 일을 되풀이하려는 욕구와 무엇인가를 하는 그 자체가 좋아서 새로운 일을 해 보려는 욕구이다.

아이가 분명한 목적을 갖고 어떤 일을 할 수 있게 되고, 제 손에 힘이 있다는 것을 알기 시작하면서 의식적인 눈이 뜨이기 시작한다. 아이는 맨 처음 자신에게 손이란 게 있고 이 손을 마음대로 움직일 수 있다는 사실을 발견하게 된다. 이때 아이와 엄마 사이에 최초의 오해가 생겨나게 된다. 아이가 큰소리로 울고 몸을 뻣뻣하게 뻗으며 팔다리로 여기저기를 치거나 차면 엄마는 아이를 달래기 위해 달콤한 젖을 먹여 준다. 대체 무슨 일이 일어난 것일까? 아이는 살아가는 데 중대한 일차적인 욕구를 충족시키는 데는 성공했지만, 한편으로는 결정적인 순간에 엄마 때문에 제 손을 이리저리 움직여 보려고 했던 욕구를 저지당하게 된 것이다.

갓난아이는 주먹을 입에 넣어 보려고 안간힘을 쓴다. 입에다 주먹을 넣으려고 하는 것은 그 시기의 아이들에게는 입으로 느끼는 감각이 생의 만족을 얻을 수 있는 유일한 원천이기 때문이다. 유일한 기쁨을 맛보게 된 아이는 되풀이해서 그 경험을 하려 한다. 그래서 제 손을 마음대로 움직일 수 있다는 놀라운 사실을 발견한 후로는 이 힘을 자신의 행복을 위해 사용하려고 한다. 그 동기는 순전히 이기적이고 원시적이다. 노력의 결과로 팔심이 점점 더 강해지고 이는 또 더 강한 흥미를 불러일으키는데, 이 흥미야말로 정신적인 행위이다. 이제 아이는 손을 가만히 두려 하지 않고 자꾸만 입으로 가져가고 싶어 한다. 이때 아이가 애쓰는 모습을 본 엄마가 아이를 대신해 얼른 아이의 주먹을 입으로 가져다 대 주면 아이는 울음을 터뜨린다. 아이가 정말 바랐던 것은 주먹을 입으로 가져가는 과정에서 맛보는 즐거움이었기 때문이다. 아이가 운 것은 하려는 일을 못하게 된 근본적인 불만 때문이다. 엄마는 아이를 도와줌으로써 아이에게서 성취의 경험을 빼앗고 아이의 창조적인 힘을 방해한 셈이다.

아이는 자신이 원한 행동을 좌절시키는 도움을 싫어한다. 왜냐하면 소유하는 것보다는 행동하는 것이 어린아이의 삶을 지배하는 원리이기 때문이다. 어른들은 창조적이거나 정신적인 욕구가 점차 약화되면서 자신이 무엇인가 새로운 것을 창조해내기보다는 이미 있는 것을 소유하는 데만 마음을 쓴다. 그러나 아이는 정신적인 갈망이 더 크다. 엄마는 대개 아기 손을 입에 갖다 대 주었을 때 우는 것은 배가 고픈데 음식이 아닌 손이 들어왔기 때문에 실망해서 우는 것이라고 여긴다. 여기서 엄마는 물질적인 것을 정신적인 것보다 우선시하는 셈인데, 만일 소유보다 행위를 더 장려한다면 훗날 아이가 커서 잘못되는 수많은 오류를 방지할 수 있을 것이다.

자신감은 어떻게 형성되는가
어려움을 극복하는 즐거움

이와 같이 부모가 저지르는 오류는 아주 많다. 새로 발견한 자신의 여러 가지 힘을 확인하면서 그것을 더 발전시키고자 하는 아이의 의도는 곧잘 부모의 선의에 의해 방해를 받게 된다. 하지만 아이는 매일매일 더 자신감을 갖게 되면서 새롭게 정복할 거리를 찾아 끊임없이 노력한다. 노력이 성공할 때마다 아이는 더욱 강한 자신감을 갖게 된다. 그러나 노력이 좌절될 때는 그것이 너무 어려운 일이기 때문이든 적절치 않은 도움 때문이든 아이는 점점 자신감을 잃게 된다.

아이는 자기 손을 마음대로 움직이는 데 차츰 익숙해져서 어렵지 않게 손을 입으로 가져갈 수 있게 되면 그 일에 흥미를 잃고 다른 목적을 위해 손을 사용하게 된다. 아이는 스스로 훌륭한 교육자이기 때문에 목표를 완성하는 과정을 이리저리 바꾸어보는 것의 가치를 알고 있다. 하지만 일단 목표를 이루고 나면 흥미를 잃어버린다. 다음에는 여러 가지 물건들을 손으로 밀어 움직일 수 있다는 것을 알게 되고 곧이어 손가락을 움직여 여러 가지 물건을 집어들 줄 알게 된다. 누가 가르쳐 주어서가 아니라 스스로의 노력으로 할 수 있게 되는 것이다. 이런 하나하나의 변화가 아이의 자라나는 의식에 강한 인상을 심어 준다. 어른이 나서서 이런 작용을 재촉하는 것은 오히려 그 작용을 퇴보하게 만든다. 힘을 길러 가는 과정에서 부딪히는 어려움을 하나하나 극복하는 일이야말로 즐거움의 원천인 것이다.

아이는 처음 물건을 집어 들면, 제 손을 그렇게 했듯이 뭐든지 입으로 가져간다. 그리고 그 일을 거의 힘들이지 않고도 할 수 있게 되면 만족감이 사라져버려 또 다른 새로운 도전거리를 찾게 된다. 아이는 새로 인식한 감각을 매개로 새롭게 자기 힘을 확인하는 방법을 우연히 발견하게 된다. 엄마가 준 숟가락을 가지고 놀던 아이는 숟가락을 놓쳐 마루에 떨어뜨리자 땡그랑 하는 소리를 듣게 된다. 그러면 아이는 체계적인 실험을 하는 물리학자처럼 되풀이해서 숟가락을 떨어뜨리고는 소리를 들으면서 자기 행동의 결과를 검증한다. 숟가락이 마룻바닥에 떨어지는 소리는 청각을 통해 자신의 힘에 대한 새로운 증거가 된다. 아이는 기뻐한다.

이 실험을 반복하려면 숟가락을 다시 집어주는 어머니의 도움이 필요하다. 그런데 엄마는 자꾸 숟가락을 집어 주는 것이 귀찮아 숟가락을 끈에 묶어 의자에 매달아 둔다. 아이는 또다시 숟가락을 떨어뜨리지만 이번에는 바닥에 닿지 않기 때문에 그동안 맛본 청각의 만족감을 얻지 못하게 되어 탐구 방향을 바꾸게 된다. 아이는 놀랍게도 재료의 성질을 연구하듯 중요한 발견을 한다. 숟가락을 잡고 탁자를 두드리면 또 다른 소리가 난다는 것을 알게 된다. 아이는 숟가락을 잃어버리는 일 없이 다시 들어 올려 그 실험을 되풀이한다. 아이는 열심히 자신을 완성시켜 가고 있는 것이다. 아이는 더 힘있게 두드리는 법을 알게 되어 만족감을 한껏 증대시킨다. 힘껏 두드리다 보면 손가락 마디가 아프다. 그러면 이번에는 아프지 않게 소리를 낼 수 있는 방법을 찾아낸다. 또 한 발짝 더 내디딘 셈이다. 삶이 놀라울 정도로 흥미진진하게 전개되어 가는 것이다.

그런데 이런 창조성을 불가피하게 저지시키는 일이 일어난다. 계속되는 시끄러운 소리 때문에 엄마는 골치가 아프다. 아이에게는 큰 기쁨을 가져다주는 일이 엄마에겐 골치 아픈 소음일 뿐이다. 그래서 엄마는 숟가락 대신 고무 장난감을 준다. 아이는 이걸로 또 힘차게 두드려 보지만 더 이상 소리가 나지 않기 때문에 자기 힘의 증거를 경험할 수 없다. 그러면 아이는 짜증을 내게 된다. 아이의 이러한 노력을 막무가내로 저지하면 훗날 아이 행동에 좋은 결과를 기대하기 어렵다.*

아이가 계속 고집을 부리면 결국에는 엉덩이를 얻어맞거나 관심을 다른 데로 쏠리게끔 먹을 것을 얻게 된다. 이런 환경에서 어떤 분야든지 창조적인 연구를 계속해 나갈 성인 과학자가 과연 몇 명이나 될까? 그러나 어린아이는 방해를 받게 되면 어른보다 훨씬 더 강한 의지를 보인다. 어린아이는 사회라는 거대한 세계와 겨루는 일을 겨우 몇 달밖에 하지 않았기 때문에 자신과 자신의 힘을 믿는다. 아이는 아주 열정적으로 자신의

---

* 소리를 내면서 놀고자 하는 이러한 욕망이 억제당했을 때는 훗날 어디서나 마구 시끄럽게 구는 아이가 될 수 있다. 적절한 시기에 아이의 여러 가지 실험이 방해받는 일 없이 이루어지면, 힘을 과시하기 위해 소리를 내는 일에는 곧 흥미를 잃고 서로 다른 소리를 구별하는 미묘한 일에 흥미를 느끼게 될 것이다. 하지만 방해를 받았을 때는 아이는 언제든지 힘을 과시하기 위해 소리를 내려고 할 것이다. 소란스런 아이들은 과거에 소리를 내며 놀 기회가 없었던 아이들이다. 그런 아이들은 교실에서 자기 힘의 표시로 소리를 내던 옛날로 곧잘 돌아가곤 한다.

모든 힘을 쏟아붓는 노력을 계속하기 때문에 자주 녹초가 된다.

아이는 가지고 놀 것이 없어 자신의 힘을 드러낼 수 없을 때는 단지 시선을 끌기 위해 울고 대개 그 목적을 이룬다. 아이는 계속해서 울면 관심을 끌게 된다는 사실을 알게 된다. 아이를 침대에 눕혀 놓았을 때 혼자 있기를 원치 않는 아이는 계속해서 소리 내어 울면 자기를 안아 준다는 것을 경험으로 알고 있다. 아이는 이런 방법으로 물건이나 사람에 대해 의식적으로 자기 의사를 관철시킨다. 아이는 아프거나 불편해서라기보다는 순전히 자신의 의사를 관철시키기 위해 우는 일이 더 많다.

호기심과 안전
뭔가를 금지할 때 주의해야 할 것

아이가 걸어 다닐 수 있게 되면 다른 사람의 도움 없이 혼자서 감각적인 즐거움을 찾을 수 있게 된다. 그렇지만 아직 무언가를 만들어낼 힘은 없다. 아이가 할 수 있는 일은 여러 가지 물건의 위치나 상태를 바꾸는 정도다. 소파 등받이나 테이블보를 잡아당기고 의자를 뒤집어 놓는다. 아이가 움직일수록 무질서가 꼬리를 물고 일어나게 된다.

이러한 가운데서도 아이의 마음을 계속 사로잡는 것이 있는데, 바로 불이다. 아이는 불꽃의 색깔에 주의를 기울이고 팔락거리는 움직임에

> " 어린아이는 사회라는 거대한 세계와 겨루는 일을
> 겨우 몇 달밖에 하지 않았기 때문에
> 자신과 자신의 힘을 믿는다.
> 아이는 아주 열정적으로 자신의 힘을 모두
> 쏟아붓는 노력을 기울이기 때문에
> 자주 녹초가 된다. "

오랫동안 마음을 빼앗긴다. 그리고 가까이 다가가면 따뜻해지는 것을 느끼게 된다. 아이는 본능에 충실하여 이 매혹적인 것을 지배하고자 한다. 아이는 불의 속성 하나하나를 모두 재미있게 여긴다. 그러나 아이는 아직 실험해 보지 못해 모르는 사실이 한 가지 있다. 하지만 곧 이 새로운 흥밋거리와 자신 사이에 항상 어떤 장애물이 있음을 알게 된다. 난로 철망이나 엄마가 불에 닿지 못하게 막는 것이다. 그래서 불을 만져 보는 것이 아이 삶의 목적이 되고, 아이 특유의 고집으로 기어이 불을 만져 보려고 한다. 그래서 아이는 잠시도 가만히 있지 않는 말썽꾸러기가 된다. 아이는 결코 순순히 고집을 꺾으려고 하지 않는다. 의자에 앉혀 놓으면 다시 내려놓아 줄 때까지 소리 내어 울면서 불만을 표시할 것이고, 내려놓아 주면 곧바로 벽난로 가까이로 간다. 놀이방에 갈 때마다 불 앞에는 항상 망이 쳐져 있는 것을 보고는 포기할 수밖에 없다는 것을 인정하게 된다.

여러 주 동안 실패와 실망을 거듭하고 나면 아이는 불을 만져 보려는 노력을 그만둔다. 아이는 여전히 불꽃을 바라보면서 그 색깔과 움직임, 따스함을 즐기지만, 이제는 그 불꽃을 만져 보겠다는 욕구는 없다. 다만 다른 방향으로 물건을 다루는 일에 한 발 더 나아간다. 그러나 불꽃 때문에 맛본 실패는 아이가 다른 어려운 상황에 직면했을 때 영향을 미친다. 아이는 희망이 없는 것이 어떤 것인지를 알게 된 것이다. 아이는 좌절이라는 것을 느낄 수 없었던 어렸을 때보다 이제는 스스로 포기할 줄 알게 되었다. 불에 대한 실험을 시도해 보지 못한 실패의 경험이 아이의 의지력을 약화시킨 것이다.

　엄마가 "안 돼, 안 돼!" 하고 나무라는 뜻을 알게 되면 아이의 생활은 한층 복잡해진다. 하지 말라고 하는 일을 계속하는 아이에게 벌을 주면 아이는 그런 상황에 대한 일종의 이해력이 생기게 된다. 경고라는 것을 알게 된 것이다. 수없이 굴러 떨어지고 상처를 입으면서도 의자에 기어오르거나 계단을 올라가려면 대단히 조심해야 한다는 사실을 알게 된다. 아이는 실제로 실험을 하지 않고도 재미있는 일과 그렇지 않은 일을 구별할 수 있게 된다. 실제적이고 유용한 지식을 얻은 것이다.

　그러나 아이는 엄마의 태도 때문에 번번이 당황하곤 한다. 아이는 자기한테 아무런 나쁜 결과가 없었기 때문에 식탁보를 잡아당기곤 했는데 언제부터인지 엄마가 "하지 마, 하지 마!" 하면서 벌을 주는 것이다. 아이가 즐겨 하는 놀이 가운데 하나는 책장을 찢는 일이다. 그러나 이 놀이 때문에 몇 차례 벌을 받고 나면, 이 놀이가 고양이 꼬리를 잡아당겼을 때처럼 당장 놀라운 일이 일어나는 것은 아니지만 엄마가 방해하는 것으로 봐서는 해서는 안 되는 재밋거리란 걸 알게 된다.

　아이는 이 이상한 혼란에 대해 심혈을 기울여 실험한다. 엄마가 "안 돼!" 할 때는 종이를 찢어서는 안 된다는 것을 뜻한다. 그래서 아이는 자신의 마음속에서 아주 기본적인 판단을 하고는 자제하게 된다. 그러나 어느 날 아이의 이런 자제력을 뒤엎을 정도로 신비한 경험이 주어진다. 아이가 혼자 있을 때 책을 집어 들게 된 것이다. "안 돼!" 하는 말을 기억하지 못했기 때문에 책장을 찢었다. 그런데 종이가 찢어지는 소리를 듣자 예전에 그 때문에 벌을 받은 기억이 되살아났다. 아이는 제 행동에 대한 당연한 꾸짖음이 들릴 것이라 생각했지만, 아무 일도 일어나지 않는다. 바로 거기에 모순이라는 신비가 도사리고 있다. 예전에는 벌을 받았는데, 지금은 그렇지 않은 것이다. 아이는 다른 책장도 차례차례 찢는다. 또 다른 새롭고 즐거운 느낌이 샘솟는다. 벌을 받던 일을 안전하게 해낸 신기함에 매혹된 것이다. 아이는 책 한 권을 다 찢고 나서야 다른 일로 넘어간다. 방에 들어온 엄마는 찢겨져 이리저리 널려 있는 책을 본다. 아이는 엄마가 자신을 반겨줄 것이라 믿으며 아장아장 엄마에게 걸어간다. 그런데 예상과는 달리 엄마는 찢어진 책을 눈앞에 들이대며 벌을 준다. 아이는 어렴풋이 찢어진 책과 벌에 어떤 관련이 있다는 것을 알게 된다. 그러나 아이가 분명하게 그 상관관계를 알기에는 책을 찢은 시각과 벌을 받는 시각이 너무 동떨어져 있다.

 이번에는 아이가 책을 발견했을 때 엄마가 아이 가까이 있다. 자신의 여러 가지 감각을 즐기려고 그 책을 찢고자 하는 충동이 마음속에 일었지만, 아이는 엄마가 야단칠 것을 예상하고 참는다. 그런데 책을 집어 들고 있는 자신을 보면서도 엄마가 별로 신경을 쓰지 않는다는 사실을 알게 된다. 흥분과 스릴 때문에 위험을 무릅쓰고 조심조심 책장을 하나 찢는다. 아이의 마음속에 영웅심리가 작용한 것이다. 그런데 그것은 어이없는 승리였다. 엄마는 흘깃 한 번 보기만 하고는 아무 반응이 없다. 그 책은 상품 홍보용 카탈로그였기 때문이다. 하지만 이 불가사의한 신비는 아이에게 아직 밝혀지지 않았다. 이전에 책을 찢었을 때는 벌을 받앉기 때문이다. 이런 모순 앞에서 어떻게 아이가 어른들을 존경할 것이라고 기대할 수 있겠는가?

아이는 이제 걸음을 걷는다. 아이는 걷는 데 따르는 여러 가지 불편함을 힘에 대한 느낌과 체계적인 힘의 응용, 자신의 노력에 대한 확고한 신념으로 극복해 왔다. 처음으로 걸음을 내딛고 여러 가지 힘든 일을 해내게 되었을 때, 아이는 대단히 의기양양해져서 불꽃 때문에 맛보았던 무력감을 어느 정도 씻을 수 있었다. 이제 서 있을 수 있는데다 힘도 세졌기 때문에 난로의 철망을 움직일 수 있으리라는 것을 그동안의 경험을 통해 알게 되었다. 아이의 마음속에는 불꽃이 어떤 것인지를 알고자 했던 오래된 바람이 되살아난다. 어느 날 엄마는 난로 철망 옆에서 무엇인가 하고 있는 아이를 보고는 "안 돼, 안 돼!" 하고 늘 하던 말을 했다. 그래서 그 일은 혼자 있을 때만 할 수 있는 일 가운데 하나라는 인식을 아이에게 심어 주었다.

아이는 벌써부터 엄마를 자신의 즐거움과 자신 사이의 장애물로 느껴 왔다. 아이는 난로에 다가가려던 일을 잠시 중단했지만 조금 뒤에 기회가 찾아왔다. 아이는 혼자 있다는 사실을 알고는 재빨리 난로 옆으로 다가간다. 그리고 다른 여러 가지 경험을 하면서 익힌 기술로 자기를 가로막고 있는 묵중한 난로 철망을 끈기 있게 잡아당겨 한쪽으로 치운다. 미뤄 두었던 바람을 실현시켰기 때문에 매우 의기양양해져서 대담하게 불꽃을 손으로 만져 본다.

엄마는 왜 아이를 지키지 못했을까? 아이가 처음으로 불에 흥미를 보이기 시작했을 때 불에 대한 경계심으로만 대할 것이 아니라 아이가 불의 속성을 제대로 알 수 있게 해 주었어야 했다. 엄마는 아이의 비명소리만 듣고도 아이에게 무슨 일이 일어났는지 알 수 있다. 몇 주 전부터 그 위험에 대한 걱정이 마음속을 가득 채우고 있었기 때문이었다. 그러나 그때까지도 예방책을 전혀 준비하지 않았다. 아이는 이유를 모른 채 고통을 당해야만 했지만 찢어진 책과 엉덩이를 맞은 일을 연결시키지 못한 것처럼 불과 고통을 연결시키지 못한다. 그렇기 때문에 상처가 다 아물어 예전처럼 되면 아이는 또다시 불에 마음이 끌린다. 아이는 불 가까이 갔을 때야 고통스럽던 기억이 떠올라 멀리 물러난다. 그 뒤로 아이는 망이 씌워져 있지 않더라도 불에 데지 않게 된다.

어린아이의 자기 교육 북돋우기
창조적 충동이 더 중요한 이유

현명한 부모라면 이루지 못한 일은 언제든지 기어코 해 보려고 하는 아이의 본성을 존중하고 신뢰하는 태도를 가져야 한다. 잘못된 교육을 받은 어른은 창조적 충동과는 정반대인 소유적 충동을 더욱 중요하게 생각한다. 교육은 아이들 내면에 있는 영적인 요소를 유지시켜 나가는 것이다. 어른들이 그것을 집어넣어 줄 수는 없다. 그것은 인간의 내면에서 나오며 묶어 두거나 방해할 수 없다. 아이의 주먹을 입에 갖다 대 주어 아이가 하고자 하는 일을 방해한다면, 그것은 아이에게 정신적 기쁨 대신 단순한 감각적 기쁨을 맛보게 하는 것이며 아이의 성장에 가장 중요한 것을 얻지 못하게 방해하는 것이다.

정신은 매우 역동적이어서 그 힘은 결코 파괴할 수 없다. 정신의 힘은 발전되어 나아가야 하는데, 여러 가지 방해와 억제로 그러지 못하면 퇴보하게 된다. 앞으로 나아가는 것은 성장하고 발전하는 것이며, 퇴보한다는 것은 통과하고 지나쳐 가야 할 여러 가지 쾌감에 퇴행적으로 고착되는 것을 말한다. 유아적 형태로 굳어진 소망이나 목표는 훗날 병약함이나 성격적 결함, 혹은 이 두 가지 모두를 초래할 수 있다.

성장은 감각적인 상태에서 의식적인 상태로 되는 것을 뜻한다. 우리 인간이 태어나서 처음으로 느끼는 가장 강력한 쾌감은 엄마의 젖가슴에서 입과 뺨을 통해 느꼈던 감각적 쾌감이다. 그것은 접촉의 쾌감이다. 아이는 주먹, 딸랑이, 장난감 같은 모든 것을 입으로 가져간다. 이제 아이에게 필요한 것은 손이 움직이는 방향에 따라 소리가 달리 나는 딸랑이 같은 새로운 흥밋거리를 제공하는 일이다. 아이를 요람에 눕혀 두면 아이는 햇살에 비치는 먼지나 바람에 나부끼는 나뭇잎을 볼 수 있다. 한 가지에 아이의 관심을 계속해서 묶어 두는 것은 어려운 일이다. 아이가 끊임없이 새로운 흥밋거리를 발견하고 그러한 흥미를 필요로 한다는 사실을 어른들은 곧잘 잊어버린다.

문자 그대로 진정한 의미에서 손상되지 않은 아이, 즉 무엇인가 하고자 하는 아이의 본성이 방해받는 일 없이 생활할 수 있는 아이는 그 힘을 진전시켜 보다 높은 차원으로 나아간다. 그런 아이는 몇 년 뒤에 자전거 타기를 배울 때 제 자전거로 길을 마음껏 오르락내리락 한다. 충분히 기술을 익히고 나서는 보다 어렵고 높은 목표로 나아가게 된다. 이와 같이 아이는 놀이에서 스스로 여러 가지 어려움을 이겨내면서 자기교육(self-education)을 계속하게 되며, 항상 내면의 창조적 충동에 따라 자신의 여러 힘을 키우기 위해 노력한다. 이 원리는 평생 동안 계속된다. 훗날 아이에게 어떤 결함이 생긴다면, 그것은 이 창조적 충동을 억누른 결과이다.

감수성의 성장
어린아이에게 사랑과 이타심을 바라서는 안 되는 까닭

아이의 흥미가 엄마에게만 집중되게 해서는 안 된다. 그렇게 되면 아이의 성장이 더디게 된다. 아이에게는 엄마가 처음이자 가장 크고 강한 기쁨의 원천이다. 그러나 여러 가지 흥미가 자연스럽게 자라나려면 이 독점은 깨뜨려져야 한다. 그렇지 않고 아이가 지나치게 귀여움을 받거나 고무젖꼭지 때문에 계속해서 엄마 젖가슴에 대한 기억에 사로잡혀 있으면 모든 바람이 엄마에게 고착됨으로써 진정한 성장을 할 수 없게 된다. 지나치게 엄마에게 의존하는 아이는 그만큼 엄마에게 자주 화를 낸다. 나중에는 무의식 속으로 묻히겠지만 어른이 되어서도 생활의 지배적인 동기가 될 것이다.

아이에게 사랑, 동정, 이타심을 요구하는 것 역시 아이에게 이로운 것이 못된다. 참된 이타심은 성인기에 이르러서야 발달하기 때문이다. 당연히 아이는 이기주의자로 태어난다. 이기심과 단순함같이 어린이의 의식적인 여러 가지 특성들은 정신적으로 건강하게 성장한 어른들의 경우 무의식 속에 가라앉게 된다. 이기적이지 않고 이타적인 어른의 의식적인 특성들은 갓난아기의 경우에 아직 무의식 속에 잠겨 있을 뿐이다. 아이 때는 무의식적이던 것이 어른이 되면서 차츰 의식적인 것으로 변해 간다. 내부와 외부가 자리를 바꾸는 것이다. 아이에게 다른 사람의 입장도 생각하라고 요구하는 것은 아직 존재하지 않는 것을 요구하는 것으로, 아이와 부모 사이에 심각한 정신적 장벽을 치는 일이다.

대부분의 어머니들이 아이가 자신을 사랑하고 있다고 생각하는데, 그 사랑에는 이타적인 요소가 전혀 없다. 그것은 단순히 우월성에 대한 사랑이거나 순수한 기대와 사랑받고자 하는 소망일 뿐이다. 어린아이는 사랑을 요구할 뿐 주는 일은 없으며, 다른 사람을 위해 사랑을 베푼다는 생각도 없다. 아이는 어머니를 마치 공처럼 다룰 것이다. 공을 위로 던지면 조금 있다가 다시 떨어진다. 아이는 자기가 그렇게 했기 때문에 공이 내려온 것이라고 생각한다. 그와 같은 방식으로 아이는 어머니에게 어떤 행동을 했을 때 어머니가 어떻게 반응하든 자기가 그렇게 만든 것이라고 생각한다. 아이가 느끼는 것은 어머니에 대한 사랑이 아니다. 아이는 제 힘으로 어머니가 어떤 반응을 보이게끔 하려고 원하고 있을 뿐이다. 이처럼 사랑을 지배하려는 소망은 자기가 갖고 싶어 하는 힘의 가장 원초적인 형태이다. 그리고 이러한 성향은 어른이 되어서도 남아 있게 되어 대부분의 사람들은 그 성향을 버리지 못한다. 이와 같이 사랑을 소유하고자 하는 갈망은 새로 아이가 태어나 동생을 갖게 된 아이에게서 두드러지게 볼 수 있다.

아이는 동생이 태어나서 자기보다 더 많은 관심을 받기 때문에 동생을 미워한다. 그래서 동생이 못생겼다거나 몸이 작다고 놀린다. 그러니까 동생이 자기보다 열등하다는 것이다. 이런 아이의 반응에 엄마는 새로 태어난 아이를 엄마나 다른 사람들이 얼마나 사랑하는지 보여 주려고 한다. 하지만 이 때문에 아이는 동생을 더 미워하게 되고 동생을 괴롭히는 일을 기쁨으로 삼게 된다. 동생의 머리카락을 잡아당겨 울게 만드는 것은 소리 나는 곰 인형을 눌러서 소리 나게 하는 것만큼이나 재미있는 일이다.(아직 도덕적인 분별력은 전혀 없다.) 동생의 머리카락을 잡아당기는 것이 어떤 일인지 야단을 쳐서 알게 하려면 아이가 적어도 일곱 살은 되어야 한다. 아이가 아직 이해할 수 없는 도덕적인 잣대나 논리를 들이대어 아이를 이해시키려고 애쓸 것이 아니라, 새로운 흥밋거리를 제공해 줌으로써 아이의 비사회적인 행동이 사라지게 하거나 방향을 바꾸도록 해야 한다.

> 다른 사람에 대한 감수성은
>
> 가르쳐서 되는 것이 아니라
>
> 성장하면서 자연스럽게 생겨난다.
>
> "할머니께 뽀뽀해 드려." 하고 강요하는 것은
>
> 오히려 할머니를 싫어하게 만드는 길이다.
>
> 친절은 예의 바른 행동 속에 있는 것이 아니라
>
> 다른 사람을 배려하는 감수성 속에 있다.
>
> 감수성은 서두른다고 해서 빨리 자라는 것이 아니라
>
> 질서 있고 자연스러운 순서에 따라 발달해 간다.

다른 사람에 대한 감수성은 가르쳐서 되는 것이 아니라 성장하면서 자연스럽게 생겨난다. "할머니한테 뽀뽀해 드려." 하고 강요하는 것은 오히려 할머니를 싫어하게 만드는 길이다. 친절은 예의 바른 행동 속에 있는 것이 아니라 다른 사람을 배려하는 감수성 속에 있다. 감수성은 서두른다고 해서 빨리 자라는 것이 아니라 질서 있고 자연스러운 순서에 따라 발달해 간다.

자신의 아이를 매우 사랑하는 한 엄마가 있었다. 그 엄마는 아이에게 여러 가지 미덕을 지니게 하는 것이 자신의 의무라고 생각해 이기적으로 굴지 말도록 가르치기 시작했다. 아이가 한창 놀고 있을 때에도 품위 없는 놀이를 하고 있으면 당장 그만두게 했다. 둘째아이가 태어나자 어머니는 큰아이에게 소홀해졌다. 그러자 아이는 동생을 미워했다. 그 때문에 엄마는 둘째에게 더 애정을 쏟았고, 큰아이가 동생을 어떻게 대해야 하는지를 알게 되기를 바랐다. 그러나 큰아이는 어린 동생을 몇 번이나 죽이려 하는 강박 행동을 보였다. 의사는 어머니더러 단단히 혼을 내서 아이의 정신머리를 고쳐 주라고 충고했다. 어머니는 네 시간 반 동안이나 아이를 훈계하느라 애를 썼지만 아이의 태도는 조금도 달라지지 않았다. 아이의 심리를 몰랐던 탓에 결국 이 어머니는 아이를 자신이 의도한 것과 정반대로 행동하도록 만든 셈이다.

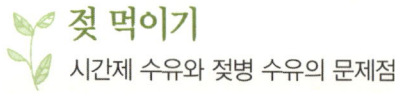
젖 먹이기
시간제 수유와 젖병 수유의 문제점

갓난아이를 다루는 데 가장 중요한 원칙은 아이가 동물적이거나 기계적인 존재가 아니라는 사실을 아는 것이다. 아이는 고도로 복잡한 영적 존재이다. 이러한 지식이야말로 처음 젖을 먹이고 이후에 젖을 뗄 때도 중요한 역할을 하게 될 것이다.

젖먹이 시절 어떤 아이는 '너무 자주' 젖을 먹으려고 할지도 모른다. 너무 자주라는 말은 의사나 다른 철저한 유물주의자들이 내놓은 기준과 비교할 때 너무 자주라는 뜻이다. 의사들은 젖을 먹어야 할 시간표를 만들어 냈다. 그러나 젖을 먹는 것은 아이가 자연스럽게 결정하도록 해야 한다. 아이가 배고프다고 하면 젖을 줘야 한다. 이것은 동물들이 행동하는 방식이다. 이렇게 한다면 아이는 엄마에게 특별한 보살핌을 요구하지 않을 것이다. 먹은 젖을 다 소화시키고 나면 다시 배고픔을 느끼게 되는데, 이 간격은 아이마다 차이가 있고 개월 수에 따라서도 차이가 있다. 물론 아이는 무작위로 주어지는 모든 조건에 스스로 적응할 수 있지만, 그러려면 많든 적든 피해가 따르기 마련이다. 어쨌든 가장 중요한 원칙은 수유를 아이의 요구에 맞추어 해야 한다는 것과 생후 5주가 지나면 더 자주 수유해야 한다는 것이다. 아이가 더 많은 힘을 기르기 시작하고 각성이 시작될 때 더 많은 음식이 필요하다는 걸 알 수 있다.

이럴 때 아이가 새로운 조건에 자신을 완전히 적응시킬 수 있도록 아이에게 더 자주 젖을 먹여 도와주어야 한다. 어떤 경우에 의사들은 매우 엉뚱한 조언을 한다. 어떤 의사는 생후 4주까지는 한 시간마다 한 번씩 젖을 주어야 한다고 하고, 또 다른 의사는 4시간마다 한 번씩 젖을 주라고 한다. 그러나 자연계보다 더 지혜로운 것은 없다. 동물들에게는 소화불량이나 다른 유아 질병이 거의 없다.

일반적으로 권장되고 있는 시간제 수유는 아이에게 확실히 나쁜 영향을 미친다.* 아이는 배가 고프더라도 정해진 시간을 기다려야만 한다. 겨우 시간이 되어 젖을 먹게 되더라도 충분히 먹지 않고 먹기를 멈출 때가 있다. 이는 음식물에 대한 욕구만이 아니라 인간의 의식적 욕구의 근원이 되는 어머니의 가슴에 접촉하고 싶어 하는 욕구 때문이다. 아이가 기다려야만 한다면 이 욕구가 쌓여서 젖을 먹는 욕구보다 접촉의 욕구를 해소하기 위해 충분한 영양 섭취를 하기도 전에 젖 빨기를 멈추게 되고, 이러한 과정은 영양실조를 일으킬 때까지 반복될 것이다. 그것은 아이의 쾌감을 이해하는 문제이지 규정된 식사의 문제가 아니다.

> * 갓난아이가 음식을 먹고 싶어 할 때 주지 않는 것 못지않게 아이가 놀고 있을 때 돌연히 끼어들어 아이를 방해하거나 시간이 되었다고 억지로 잠자리로 쫓아 보내는 것 또한 아이에게는 좋지 않은 일이다. 5분이나 10분은 별로 문제가 안 되는데도 어른들이 당장 못하게 하면 어린아이는 가끔 좀더 오랫동안 그 일에 몰두하곤 한다. 이럴 때는 아이의 주의를 다른 데로 돌리는 것이 더 나은 방법이다. 관심이 딴 데로 돌려지면 아이는 기분 좋게 잠을 자러 가거나 밥을 먹으러 오게 될 것이다.

배고픔을 느끼는 것은 단순히 위와 관련된 문제가 아니다. 배고픔이 충족되었을 때 느끼는 만족감은 신체적인 것만이 아니라 다분히 정신적인 데가 있다. 아이는 입술과 입에 강한 쾌감대를 가지고 있어서 배고픔을 느낄 때의 욕구는 음식물에 대한 갈망뿐만 아니라 쾌감에 대한 갈망이기도 하다. 이 쾌감은 아이를 먹이고 영양 공급을 하기 위한 것이다. 아이가 원하는 것은 음식물 못지 않게 피부 접촉에서 얻는 쾌감도 있다. 경험에 비추어 볼 때 접촉에 대한 이러한 욕망은 결코 의식적인 것이 아니다. 이와 마찬가지로 젖을 먹일 때도 쾌감대에서 쾌감을 맛보고자 하는 욕구와 실제 음식물에 대한 욕구를 동시에 충족할 수 있도록 보조를 맞춰야 한다. 그렇지 않으면 어른이 되었을 때도 성생활에서 눈에 띄는 신경과민 증상을 보이게 될 테고, 어렸을 때는 계속 욕구불만을 느끼게 될 것이다. 예를 들면 엄마 가슴에 대해 느끼는 욕구불만이 다른 욕구로 과도하게 표출되기도 한다.

잠시도 가만히 있지 못하고 부산스런 아이는 관심을 끌고 싶어서 그런 것이다. 이 부산스러움은 쾌감을 얻고자 하는 욕구가 뒤바뀐 것으로, 본능을 충족시키지 못했을 때 생기게 된다. 따라서 자연스러운 방식으로 기른 아이와 시간제 수유 방식으로 기른 아이는 뚜렷한 차이를 보인다. 기분 좋을 때 먹은 음식과 그렇지 않을 때 먹은 음식은 영양 성분에서도 차이가 있다. 젖병으로 먹은 아이와 엄마의 젖을 빨면서 자란 아이는 성격에서도 여러 가지 차이를 보인다. 젖병으로 먹고 자란 아이는 어머니 가슴에서 맛볼 수 있는 기쁨을 대신할 다른 기쁨을 찾게 되고 나중에는 그만의 어려움을 겪게 된다. 이에 대해서는 다음 장에서 좀더 이야기하기로 하자.

젖떼기 I
고무젖꼭지는 왜 나쁜가

젖떼기는 아이의 일생에 중대한 영향을 미치는 매우 미묘한 과정이다. 이것은 영양에 관한 문제라기보다 정신에 관한 문제이다. 이런 정신적 측면은 거의 무시되고 있다.

젖을 뗄 때는 아이가 어머니의 가슴에서 느끼는 즐거움을 다른 즐거움으로 대신할 수 있도록 주의를 기울여야 한다. 주위의 격려 속에 아이가 보다 넓고 새로운 즐거움을 선택하게 함으로써 일생을 통해 정서적으로 가장 강한 변화의 시기인 젖 떼는 시기를 쉽게 넘길 수 있게 된다. 이유기 때 자연스럽지 못한 급격한 변화를 겪게 되면 아이의 욕구는 새로운 경지나 보다 광범위한 정서적 경험을 향해 앞으로 나아가지 못하고 충족되지 못한 쾌감에 고착되거나 오히려 퇴행하게 된다.

가장 흔한 대체 쾌감은 손가락 빨기다. 그런데 부모가 이것을 억지로 못하게 하면 아이는 무의식적으로 손가락을 빠는 대신 손톱을 물어뜯는 퇴행을 반복하게 된다. 왜냐하면 생물 진화의 역사를 통해 볼 때 손톱은 동물의 발톱을 대신하는 것으로 침략과 공격을 위한 도구이기 때문이다. 아이의 행동은 아이의 정신 상태를 그대로 보여 주는 것이다. 그것은 '이와 발톱'의 문제로 아이 자신 속에 있는 분노와 실망을 나타내 주는 것이다. 손톱을 물어뜯는 것은 손가락을 빠는 것보다 한층 심한 단계의 퇴행 현상이다. 신체의 어느 한 부분을 비비는 행동이나 접촉으로 쾌감을 얻으려는 여러 가지 행동은 어머니의 젖가슴을 대신하는 새로운 접촉 쾌감을 얻고자 하는 욕구의 표현이다. 이런 현상은 젖을 뗄 때 일어난다.

아이 스스로 발견한 이와 같은 대체 쾌감을 엄격하게 억제해야 한다는 엄마들의 믿음은 그들 자신이 엄격하게 통제되었던 기억에 뿌리를 두고 있다. 우리의 거부 반응은 아주 오래 지속되어온 무의식적인 감정에서 생겨난 것이다. 그것은 어떤 이성적인 과정으로 감정을 통제하고자 하는 힘과 그 일에 대한 우리의 무능력, 이 두 가지 모두를 설명해 준다. 그러나 아이들의 이러한 도착倒錯 행위를 어떤 식으로든 억제해서는 안 된다. 억제하면 그때는 표면적으로 고쳐질 수도 있겠지만, 나중에 가서 정신 건강에 한층 더 해로운 형태로 다시 나타나게 될 것이기 때문이다.(그런데 많은 엄마들은 아이들의 그런 행위를 불결하게 생각한다.)

젖을 떼는 동안에 가장 나쁜 것은 아이에게 고무젖꼭지나 인형을 주는 것이다. 고무젖꼭지는 정신을 파괴하는 최초의 산물이며, 다른 어떤 것보다 유아기의 성격이나 태도를 형성하는 데 영향을 미친다. 왜냐하면 고무젖꼭지가 아이의 흥미를 계속 감각적 만족을 추구하는 수준에 묶어 두기 때문이다. 감각적인 즐거움을 얻는 일은 정서가 발달함에 따라 여러 가지 양상을 띤다. 첫 번째는 입과 입술을 통해 즐거움을 느끼는 것이다. 성장하고 모험을 하려는 최초 욕구가 생겼을 때 고무젖꼭지를 주게 되면 아이의 흥미가 이 감각적인 즐거움에 고착되어 버린다. 그러면 그 흥미는 다른 형태의 감각적 즐거움을 향해 앞으로 나아가지 못하고 결국 창조적인 충동과 참된 성장이 마비된다. 그것은 아이를 보다 광범한 활동에 대한 자극과 정신적 갈망을 느끼지 못하게 만들며 호기심을 앗아간다. 그리하여 인간의 마음속에서 서로 다투는 두 가지 힘, 즉 창조 본능과 소유의 쾌감을 추구하는 욕망 가운데서 소유의 욕망만이 강조된다. 이는 대부분의 어른들의 창조력이 어린아이 수준에 계속 머무르고 있는 이유이기도 하다. 만약 수유와 젖떼기가 제대로 이루어졌다면 우리는 훨씬 더 많은 지적 발달을 이룰 수 있었을 것이다.

사회문제의 하나인 과도한 성性 문제는 어린아이의 정신적 발달을 중요하게 여기지 못했기 때문에 우리 스스로 짊어지게 된 현상이다. 우리가 그것을 진지하고 현명하게 다뤘다면 성은 쾌락이 아닌 창조적 기능으로, 어른이 되었을 때 큰 행복을 가져다주는 것이 되었을 것이다.

젖떼기 Ⅱ
수유기의 욕구불만이 낳는 결과

부모들은 아이가 진지하고 과학적인 목적과 흥미를 갖고 있다는 사실을 모르고 있다. 이유기나 그보다 더 이른 시기에 아이가 우는 것이 배가 고파서가 아니라 정신적인 권태 때문일 수 있다는 것을 모른다. 젖

> 수유와 젖떼기가 제대로 이루어졌다면
> 우리는 훨씬 더 많은 지적 발달을 이룰 수 있었을 것이다.
> 사회문제의 하나인 과도한 성 문제는
> 어린아이의 정신적 발달을 중요하게 여기지 못했기 때문에
> 우리 스스로 짊어지게 된 현상이다.

떼기에 성공했다는 것은 아이가 미래의 삶에서도 성공할 수 있으리라는 것을 의미한다. 즉 사회생활의 여러 가지 능력이 잘 발달될 것이다. 학습 능력이 뒤떨어지는 아이는 대부분 오랫동안 고무젖꼭지를 빨거나 손가락을 빠느라 다른 데 흥미를 잃어버린 아이다. 이런 아이는 어려운 학습 시간에는 계속 손가락만 빨 것이다. 아이는 새로운 문제에 적응하려고 노력하기보다는 차라리 만족을 느끼던 과거로 되돌아가고 싶기 때문이다.

이처럼 원초적이고 본능적인 욕구를 충족시키지 못한 아이는 평생 동안 그런 욕구를 지니고 있게 된다. 예를 들면 무엇인가를 갖고자 하는 욕망, 더욱이 맛볼 수 없는 즐거움을 맛보려는 욕망이 지나치게 발달하게 될 것이다. 행위를 하기보다는 즐거움, 만족을 바라는 욕구로 가득 차 있고 그러한 즐거움을 스스로 행동하여 창조하기보다는 그저 얻어 내려고만 할 것이다. 한 걸음 더 나아가 언제나 느끼고 싶어 하던 즐거움을 얻더라도 만족하지 못할 것이다. 그것은 어릴 때 얻지 못했고, 원할 때마다 손에 넣을 수 없는 원초적 즐거움에 대한 한낱 상징일 뿐이기 때문이다.

어머니의 가슴에 대한 욕구를 충족시키지 못한다면 나중에 자신의 일이나 직업에 지나치게 과민하여 모든 일에 만족할 수 없게 된다. 자기는 늘 잘못된 선택을 해 왔기 때문에 다른 쪽이 옳다고 생각하는 것이다. 그것이 아니면 근본적으로 충족되지 못하고 항상 뒤로 미루기만 해 온 어머니 가슴에 대한 욕구는 직업적인 성공에 대한 모든 희망을 곧잘 이 세상 저편, 곧 하늘나라로 미루게 한다. 천국, 하나님, 안도감이라는 개념과 오랫동안 헛되이 추구해 온 어머니를 동일시하는 것은 구세군의 찬송가에 상징적으로 나타나 있다. 마지막 만남의 약속이 예약되어 있는 천국 '그곳에 내가 있으리라고 어머니께 알려 주세요'라는 찬송가 말이다.

유아기에 엄마와 엄마의 가슴에 대한 열망이 끊임없이 제지당하면 충만감에 대해서도 다르게 반응하거나 욕구가 왜곡되기 쉽다. 지나치게 인색한 사람은 어린 시절의 실망이 무의식적 과정에 의해 현재에 표현되어 물질적 소유에 매달림으로써 진정한 행복을 찾지 못하게 된다. 그는 무엇이든 돈과 연관지어 소유하려 하고 다른 사람에게는 아무것도 넘겨주지 않으려고 할 것이다. 모든 값진 것을 절약하여 저축함으로써 현재의 모든 가치를 먼 장래로 미룬다. 이는 유아기에 억제당해 무의식 속에 잠재된 쓰라린 실망과 숨겨진 갈망을 어른이 된 지금 받아들일 수 있는 방법으로 각색하여 행동하는 것이다.

마찬가지로 정신분열증으로 알려진 정신이상도 어린아이 때의 감정 상태로 돌아가고자 하는 바람이다. 여러 가지 삶의 문제를 이런 식으로 회피(여기서는 퇴행)하는 것은 어린 시절의 여러 가지 즐거움을 다른 방식으로 추구하는 것이다. 이들은 어린 날의 이런 즐거움을 보상해 줄 어떤 흥미 있는 일을 제공받지 못하고 잃어버렸거나 한 번도 즐겨 본 적이 없었던 것이다. 엄마 품에서 젖을 먹다가 갑자기 젖병으로 먹게 된 아이들 중에도 간혹 지적 발달에 문제가 생기는 일이 있다.

젖떼기 III
적절한 흥밋거리 제공하기

젖 떼는 시기에 명심해야 할 중요한 점은 즐거움을 느끼는 능력을 최대한 발휘할 수 있게끔 해 주어야 한다는 사실이다. 이때 아이가 흥미를 가질 만한 물건이나 장난감을 많이 주는 것이 좋다. 퇴행 현상이 나타나더라도 어떤 식으로든 벌을 주거나 강제로 제지하려 해서는 안 된다. 급격하고 난폭한 방법은 결코 좋지 않다. 손가락을 빠는 아이에게 손을 입으로 가져갈 수 없게 하는 옷을 입힌다거나 털장갑을 끼게 하는 것은 그 버릇을 장갑에 고착시킬 뿐이다. 흔히 아이들이 나쁜 버릇을 즐기도록 내버려두면 더 자주 하게 된다고 믿고 있지만, 실제로는 아이들을 막으면 막을수록 계속해서 그 버릇에 고착된다.

아이가 자꾸 기대고 매달리려고 하면 거부하지 말고 바라는 대로 해주어야 한다. 아이를 안아 주고 살갗을 맞대라. 아이를 꼭 안아 주고 금방 혼자 눕혀두지 마라. 또 부드러운 담요나 천으로 아이를 꼭 감싸 주어라. 이렇게 하면 아이는 지난날의 안온했던 기억을 되살리게 된다. 엄마 품에서 쉽게 떨어지게 하는 또 다른 방법은 아이에게 따뜻한 느낌이 드는 아늑한 곳에 눕히고 쿠션이나 부드러운 물건을 주어 볼에 비비게 해주는 것이다. 뺨에 갖다 대었을 때 느끼는 따뜻하고 기분 좋은 감촉은 갓난아이 때 어머니 가슴에서 맛보던 본질적인 경험이기 때문이다. 한 걸음 더 나아가 모유를 먹이다가 젖병으로 우유를 먹일 때 젖병 꼭지를 엄마의 젖꼭지와 비슷하게 만드는 방법도 있다. 또 아이가 쉽사리 잠들지 못하면 이불을 단단히 덮어 주어야 한다. 태어나기 전에 맛보았던 완전한 안락함을 다소나마 다시 느끼게 해 주면 이런 곤란은 한결 쉽게 해결될 것이다.(이렇게 자려고 하는 어른들도 더러 있다. 무릎을 끌어안거나 뺨을 손바닥 위에 대고 자는 사람들 말이다. 이런 행동은 갓난아이 때의 욕구가 여전히 남아 있기 때문이다.)

아이가 울지 못하게 훈련시켜서는 안 된다. 이루지 못한 욕망은 나중에 어른이 되어 의식적인 상태에서 수용할 수 있는 형태로 변한다 할지라도 언제까지나 남아 있게 된다. 아이가 엄마를 찾으며 우는 버릇을 스파르타 식으로 고치려고 하면 반드시 대체 쾌락을 찾아 헤매게 되거나 우리가 피하고자 하는 변태적인 현상을 낳게 된다. 그러나 아이가 자신의 주위 환경에서 얼마나 많은 자연스러운 흥미와 오락물, 마음대로 다룰 수 있는 재료를 접할 수 있는가에 따라 이와 같은 타협적인 즐거움을 구하는 일은 줄어들거나 사라지게 될 것이다. 때에 따라서는 비록 이유기일 때라도 극단적인 정반대의 방법도 사용해 보라. 예를 들면 아이를 발가벗겨 담요 위에 눕히고 마음대로 발길질을 하도록 해서 완전히 자유로워졌을 때의 즐거움도 맛보게 하는 것이다.

젖병으로 우유를 먹여 기르는 아이에게는 고무젖꼭지를 주기 전에 되도록 고무에 대한 선입견을 갖지 않도록 해 주는 것이 중요하다. 어릴 적의 무의식적인 기억 때문에 고무를 싫어하는 어른들은 젖을 뗄 때 고무젖꼭지를 처음으로 대하면서 경험했던 이상한 냄새와 촉감 때문에 느꼈던 갑작스런 충격이 원인이 된 것이다. 그러므로 처음부터 다른 방식으로 고무와 접촉하게 하는 것이 현명하다. 예를 들면 손으로 누르면 빽빽 소리를 내거나 목욕을 하면서 가지고 놀 수 있는 고무 장난감들, 또는 물어뜯을 수 있는 고무 제품들을 먼저 갖고 놀게 하는 것이다. 이렇게 하면 한층 넓은 관심 분야에 고무가 이미 자리 잡게 되어 고무젖꼭지를 대하게 되어도 불쾌감을 훨씬 덜 느끼게 될 것이다. 이런 과정을 겪지 못하면 어른이 되고서도 고무에 혐오감을 갖는 경우가 흔하며 꽤 심각하기까지 하다.

언제 젖을 뗄 것인가 하는 시기의 선택도 어려운 문제이다. 그 시기는 환경을 고려해 아이마다 대처하는 방법이 달라져야 한다. 어쨌든 아이가 여러 가지 즐거움을 보다 쉽게 얻을 수 있는 시기를 택하는 것이 좋다. 예를 들면 잔디밭 위에 자리를 깔아 아이를 앉히고 주위에 아이가 재미있어 할 여러 가지 물건을 가져다 놓을 수 있는 날씨 좋은 날을 택하는 것이 좋을 것이다.

젖을 떼고 이유식을 컵이나 병으로 먹이게 되면 모유를 먹일 때와 영양가는 같다 해도 접촉을 통해 얻던 기쁨은 예전에 비해 상당히 줄어든다. 지적 성장을 위한 에너지를 자유로이 키울 수 있는 어머니 가슴에서 느끼던 지난날의 커다란 기쁨은 현재 컵에서 느끼는 음식물에 비할 바가 못 된다. 성장을 위한 에너지의 양은 항상 변함없기 때문에 대체 에너지원을 반드시 찾아내야만 한다. 엄마의 젖가슴에서 창조적인 일로 관심이 바뀌도록 하기 위해서는 자유로운 활동의 장을 넓히도록 하라. 그러면 앞으로 나아가면서 성장하게 될 것이다. 그러나 적절한 흥밋거리가 주어지지 않으면 틀림없이 어렸을 때의 즐거움을 찾아 퇴행하거나 한 곳에 고착된다. 또한 쓸모없는 일이나 오히려 아이를 쇠약하게 만드는 대체물을 발견해서 열중하게 될 것이다.

아이의 발달단계에 맞는 장난감
이가 날 무렵에 좋은 장난감

이가 날 때까지는 입이나 입술에 닿아도 괜찮은 장난감이 적합하다. 겉이 단단하고 매끄러우며 너무 작지 않은, 씻을 수 있는 장난감이 적합하다. 어린아이는 무엇이든 입으로 가져가서 입 안에 넣어 보고 그 감촉을 통해 느끼는 쾌감에 따라 모든 것을 판단하기 때문이다. 어떤 장난감이든 홈이 파여 있지 않고 매끄러운 것이라야 한다. 또 삼킬 수 있을 만큼 작은 것은 안 된다. 명심해야 할 것은 자주 장난감을 씻어서 깨끗한 상태를 유지해야 한다는 사실이다. 그릇을 씻지 않고 그대로 쓰는 것은 있을 수 없는 일이라고 생각하면서도 아이의 장난감을 씻는 일은 곧잘 잊곤 한다.

아이가 만 한 살이 되기까지 엄마가 주는 여러 가지 기쁨과 안정을 소유하려는 열망을 창조적인 방법으로 끌어올리는 데 도움이 되는 장난감에는 어떤 것이 있을까. 흔히 색깔도 없고 소리도 나지 않으며 움직이지도 않는 고무젖꼭지를 아이에게 주는데 이걸로는 입에서만 즐거움을 느낄 수 있을 뿐이다. 아이에게 이런 것을 주는 것은 중대하고 귀한 기회를 놓치는 것이다. 여러 가지 감각기관을 사용할 수 있는 장난감을 아이에게 주어야 한다.

이가 나고 젖을 떼는 시기에는 눈과 귀에 흥미를 느낄 수 있는 자극을 주며 사물을 쥐고 균형을 잡게 하는 촉감과 근육감에 흥미를 느낄 수 있는 장난감을 주어야 한다. 그러면 아이는 입술과 입에서만 느끼던 즐거움을 다른 감각기관을 통해서도 느낄 수 있게 되어 점차 감각적인 즐거움에서 정신적인 즐거움으로 옮겨가게 된다. 아이는 장난감을 입에 넣는 데 그치지 않고 그것들을 시험해 보고 어떻게 하는 장난감인지 알아봄으로써 즐거움을 느끼게 될 것이다. 아이가 자람에 따라 더 다양하고 복잡한 장난감을 주어야 한다. 선명한 색깔, 여러 가지 서로 다른 색깔들, 표면의 여러 가지 다른 감촉, 여러 가지 다른 소리, 한 손이나 두 손으로 잡기에 좋은 크기 등 다양한 장난감이 좋다.

아이가 마음대로 다룰 수 있도록 다양한 장난감들을 주어서 언제나 자신의 힘을 새롭게 증명할 수 있도록 해 주는 것이 중요하다. 한 예로 굴리기도 하고 어떤 곳을 향해 튀기기도 하는 빨간 공은 여러 가지 즐거움으로 나아가는 통로가 될 것이며 지적인 관심을 끌어올려 줄 것이다. 굴러가는 공을 바라보는 즐거움은 감각적이면서 심미적인 즐거움의 발단이 된다. 예술품이나 아름다운 것을 보고 기쁨이 샘솟는 것은 이런 데서 비롯된다.

다양한 색깔의 장난감뿐만 아니라 소리가 나는 딸랑이나 때리거나 두드릴 수 있는 장난감도 줘야 한다. 소리의 크기와 화음에 따라 단순한 소리와 즐거움을 주는 소리를 내는 장난감을 구별해야 한다. 종이나 징은 음악적인 소리를 내고, 작은 나무토막이나 실패, 자갈, 조개껍데기, 완두콩 등 여러 가지 소리 나는 물건을 넣은 깡통으로는 단순한 소리를 낼 수 있다. 그렇게 할 때 아이는 서로 다른 소리를 구별할 수 있게 되고 예술적으로 발달하기 시작하며, 여러 가지 판별력을 키우게 된다. 그리고 이 모든 소리를 아이 자신이 만들어 낼 수 있도록 해야 한다. 그래야 아이는 자신의 힘에 대한 감각을 갖게 된다. 시끄러운 소리가 아이에게 나쁘다는 생각 때문에, 또는 다른 사람들에게 듣기 싫은 소리를 듣게 하는 것이 미안하다는 생각 때문에 이 시기의 아이에게 시끄러운 소리를 내지 못하게 하면 안 된다. 그러면 아이는 나중에 그런 소리를 발견하게 되었을 때 그 소리에 강한 인상을 받아 단숨에 몰입하게 될 것이다. 아이에게서 보기 싫은 물건을 치워 버리려고 해서는 안 된다. 왜냐하면 역암시逆暗示가 작용하여 아이가 그런 것들을 스스로 발견하게 되면 신기하게 느껴 거기에 더 마음이 끌리게 되기 때문이다.

장난감을 다루는 데 곤란을 겪는 정도는 지능의 힘을 개발하는 데 중요한 역할을 한다. 처음에는 한 손에 잡을 수 있는 조그만 공을 주고 차츰 두 손을 다 써야만 잡을 수 있는 큰 공을 주도록 한다. 그래야만 양쪽

두뇌를 골고루 사용하게 되어 적절하게 발달할 수 있다. 아이에게 한쪽 손만 쓰는 경향이 있다면 특히 중요한 일이다. 당연히 소리, 빛깔, 표면이나 무게의 차이에서 느끼는 신기함은 보다 새롭고 다양한 분야로 관심을 이끌어갈 것이다. 유아기의 아이에게 다른 무게의 장난감이나 공을 주면 물리학이나 수학, 역학에 대한 기초 지식을 갖게 할 수 있다. 즉, 가벼운 플라스틱이나 고무, 나무 등 다양한 재질의 장난감을 떨어뜨렸을 때 튕기는 느낌을 통해 다양한 지식을 갖게 되는 것이다. 아이가 그 이치를 깨닫지는 못하겠지만 무의식중에 다양한 재료의 밀도에 대해 여러 가지를 알게 될 것이다. 이러한 지식과의 첫 만남이 즐거웠다면 열네 살이 되어 물리실험실에 갔을 때도 즐거움과 흥미를 느끼게 될 것이다. 아이에게 즐겁게 실험할 수 있는 기회를 줌으로써 교사 없이도 기초를 닦을 수 있다.

장난감을 다루는 데 더 이상 어려움을 느끼지 않는다면 아이는 싫증을 내게 될 것이다. 그것은 마치 새 자전거를 갖게 된 아이의 경우와 마찬가지이다. 아이는 나무를 피하거나 길모퉁이를 도는 데 어려움을 느끼는 동안에는 틈만 나면 자전거를 타고 연습을 하지만 모든 것을 잘하게 되면 어디 갈 때만 자전거를 타지 자전거 타는 것 자체를 즐기기 위해 타지는 않게 된다. 창조적인 흥미를 갖고 있지 않는 아이는 건강한 아이가 아니다. 그런 아이는 틈만 나면 손가락을 빨거나 위안을 주는 물건에 집착하려 한다. 아이를 바쁘게 해라. 그러면 아이는 행복해할 것이다. 바꿔 말하면 행복한 아이는 항상 바쁘다.

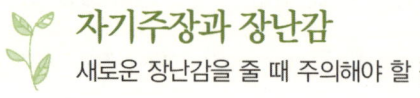
자기주장과 장난감
새로운 장난감을 줄 때 주의해야 할 점

아이가 혼자 앉기 시작하는 생후 6개월경부터는 균형을 잡아야 하는 장난감을 주도록 하라. 일정한 자세로 균형을 잡아 조심스럽게 놓지 않으면 넘어져 버리는 장난감이나 소리가 나는 종이나 차임벨 같은 장난감을 주도록 한다. 이런 장난감들은 다른 무엇보다도 더 빨리 아이에게 균형에 대해 가르쳐줄 수 있다. 아이가 그 시기의 발달단계에 당면한 균형감각을 직접 경험함으로써 터득할 수 있게 해 주기 때문이다.

처음 새 장난감을 줄 때 아이가 장난감을 세우거나 균형을 잡는 일을 어려워하면 자유롭게 다룰 수 있도록 도와주어야 한다. 차츰 아이가 익숙해지면 도와주는 정도를 줄여 스스로 쉽게 장난감을 다룰 수 있게 해 준다. 어떤 장난감을 보고 금세 마음을 빼앗긴 아이가 아무 도움도 받지 않고 장난감을 다루다가 넘어져 다치게 되면 아이는 그 장난감으로 인해 즐거움보다는 고통을 맛보게 된다. 그렇게 되면 불쾌한 인상을 갖게 될 것이다. 장난감을 다루는 데 번번이 실패하고 장난감으로 하는 실험이 고통스럽게 끝나면 아이는 더 이상 흥미를 느끼지 않고 상상의 시기로 퇴행해 버린다. 따라서 장난감을 적절히 잘 가지고 놀 수 있도록 도와주는 일은 매우 중요한 일이다. 하지만 새로운 장난감을 줄 때만 이런 주의를 기울여야 한다는 것을 잊지 말아야 한다.

이는 아이가 이를 필요로 할 때 난다. 이가 나는 시기는 아이의 심리 상태에 따라 결정된다. 이가 나는 시기와 자기주장이 늘어나는 시기는 생물학적으로 일치한다. 이는 씹기 위한 목적도 있지만 코끼리의 상아나 소의 뿔처럼 공격과 방어를 위한 것이기도 하다. 상아나 뿔은 싸울 때를 대비한 것이다. 이가 나기 시작하면 아이에게 자기주장을 더욱 더 많이 할 수 있게 해 주는 장난감을 주어야 한다. 아이가 물건을 마음대로 쌓아올리기도 하고 무너뜨리기도 하면서 여러 가지 재료를 마음대로 다루게 하라. 다루기가 어려운 장난감들을 맘대로 가지고 놀다 보면 아이는 거기에 정신이 팔려 이가 날 때 느끼는 불편함을 훨씬 덜 느끼게 될 것이다.

이가 날 때 아이의 주의를 딴 데로 돌리는 조처를 전혀 취하지 않으면, 아이는 자칫 내성적이 되고 예전 젖먹이 때 즐거움을 얻던 식으로 퇴행하게 될 수 있다. 아마 더 자주 먹을 것을 달라고 보채거나 엄마의 관심을 끌기 위해 애를 쓰게 될 것이다. 그러나 아이에게 적절한 흥밋거리를 제대로 제공해 준다면 이가 나는 것 때문에 겪는 곤란이나 불쾌감에 덜 시달리게 될 것이다. 이가 날 때는 표면이 약간 거칠고 물어뜯을 수 있는 고무 장난감을 주는 것이 최고다. 물어뜯을 때의 가벼운 통증이 오히려 이가 날 때 느끼는 불쾌감을 한결 덜어줄 것이다.

이 문제를 요약해 보면 자기가 하고 싶은 대로 노는 아이는 젖을 뗄 때나 떼고 나서도 엄마나 보모를 보채는 일이 훨씬 적다는 것이다. 그러나 보채는 일이 있더라도 아이에게 창피나 벌을 주어서는 안 된다. 그렇게 되면 엄마에 대한 바람이 계속 남아 있어서 심각한 신경성 질환을 초래할 수도 있다.

이유기 때 겪는 아이와 엄마의 외적 갈등은 아이의 무의식에 남아 서로 상반되는 욕구 사이에서 충돌을 일으키는 내적 갈등으로 변해 버린다. 그리고 이 갈등은 훗날 어른이 되어서도 계속된다. 그 갈등은 주어진 사회제도의 법과 질서를 따라야 한다는 것과 쾌락이나 행복을 바라는 욕망 사이의 갈등이다. 무슨 수를 써서라도 이러한 근본적인 갈등을 극복할 수 있다면 우리는 교육이나 사회도덕의 측면에서 대단한 발전을 이룩하게 될 것이다. 즉 성도착증이나 성과 관련된 지나친 현상들을 그치게 할 수 있을 것이다. 왜냐하면 이 모든 현상이 어린아이의 삶을 제대로 이해하지 못한 데서 생겨나기 때문이다.

부모로서 아이에게 맞는 좋은 행동을 하기 위해 명심하고 있어야 할 원칙이 두 가지 있다. 첫째는 아이가 자신의 욕구를 분출하기 위해 행한 어떤 '잘못'을 고치려고 하기 전에 항상 그런 행동을 대신할 새로운 흥밋거리를 찾아 주도록 하는 것이다. 둘째는 '하지 말라'고 말하는 것이 해로운 만큼이나 아이를 대신해 너무 많은 일을 해 주는 것, 즉 놀이나 옷 입는 것, 그 밖의 모든 활동의 주도권을 아이에게서 빼앗는 것 역시 해롭다는 것을 잊지 말아야 한다.

배변과 위생
변비의 정신적 측면

어린아이나 갓난아이를 키울 때 흔히 저지르는 잘못은 몸의 청결과 위생을 가르치면서 너무 심하게 창피를 주는 것이다. 청결하도록 지나치게 엄격하게 요구해서 아이를 불편하게 만들거나 배변을 하고 나서 어떤 식으로든 그 일에 수치심을 느끼도록 해서는 안 된다. 갓난아이 때는 배변 같은 신체적 기능을 수행하는 일이 쾌감과 자연스레 결부되어 있다. 이러한 쾌감은 어린아이에게 적당한 시점까지 배변을 스스로 참는 것을 가르치는 데 의미가 있다. 변을 보고 나면 한층 기분이 좋아지면서 자신의 똥에 흥미가 생기게 된다. 그런데 그 과정에서 생기는 여러 가지 불상사를 가지고 잔소리를 하면서 끝까지 나무라면 자연이 의도한 좋은 계획을 망쳐놓게 되는 것이다. 그랬을 때 아이는 자연의 법칙을 따르기보다는 오래도록 똥 마려움을 참음으로써 혼날 위험도 피하고 더 많은 쾌감을 발견하게 될 것이기 때문이다. 이 때문에 변비와 같이 잘 고쳐지지 않는 습관이 생긴다.

자연의 균형은 미묘하다. 배설은 지나치게 진지하게 다루거나 비난할 일로 취급해서는 안 된다. 그렇다고 칭찬받아야 할 성공적인 성과로 다뤄서도 안 된다. 만약 그렇게 하면 아이가 자신의 배설 행위를 지나치게 가치 있는 일로 여기게 되고, 결국 배설물을 되도록 오래 몸 안에 지니고 있으려 해서 변비가 될 수도 있기 때문이다.

 아이가 자신의 여러 가지 신체 기능에 대해 갖는 자연스럽고 필요한 관심을 어떤 식으로든 단념시키거나 '불결하다'고 비난해서는 안 된다. 그것은 불결한 것이 아니라 매우 자연스럽고 명백한 흥미와 놀라움의 근원이다. 아이가 갖는 이러한 흥미를 비난조로 대하지 않는다면 아이는 그것에 자연스러운 관심을 갖고 그때 그 느낌을 한껏 누리게 된다. 그렇게 되었을 때 곧 배변과 관련된 모든 일은 평범하고 재미없는 일이 되어버려 아이는 새로운 탐구 분야를 찾아 방향을 바꾸게 될 것이다. 그러나 불결하다고 비난하면 아이의 관심이 거기에 고착되어 한동안은 외설스러운 화제에만 계속 관심을 보일 것이다. 그리고 학령기가 되면 그 문제를 화제로 삼는 데 병적인 흥미를 보이면서 화장실 벽에다 낙서를 하게 될 것이다. 어린아이들의 '외설스러움'이라는 것은 결코 음란한 것이 아니다. 또한 이러한 아이라고 해서 새롭게 발견하는 다른 사물들보다 자신의 신체 기능에 더 많은 관심을 보이는 것도 아니다.

 아이는 아직 지적인 면이 발달하지 않았다는 사실을 인식해야 할 필요가 있다. 부모들은 흔히 자녀들의 나쁜 습관을 없애려고 하는데, 결과는 오히려 그것을 고착시킬 뿐이다. 이미 그 습관에 익숙해졌다면 그것을 정면 공격하거나 어떤 형태로든 고쳐 보려고 도덕적으로 설교할 것이 아니라 다른 데 흥미를 갖게 해야 한다. 이 시기의 아이들에겐 도덕적인 인식이 없다. 어린아이들에게 변비가 이미 시작되었다면 설교나 약이 아니라 보다 정신적이고 지적인 흥미를 통해서 치료해야 한다.

유년기의 성
도덕과 비도덕의 이분법을 넘어서

아이들이 자기 몸을 살피다가 자연스럽게 성기에 흥미를 갖게 되었을 때는 앞에 설명한 바와 같은 지혜가 필요하다. 모든 갓난아기는 태어나자마자 주위의 여러 가지 사물을 살펴보고 그것을 가지고 여러 가지 과학적 실험을 하기 시작한다. 아이는 자기 몸을 신기하게 생각한다. 맨 먼저 손에 관심이 쏠려 손을 이리저리 움직여 보는데, 손에 대해 다 알고 난 후에는 흥미가 사라지게 된다. 그리고 나면 이번에는 또 다른 신기한 것인 발로 관심이 쏠린다. 아이들은 대개 발가락과 발을 살펴보는데 2주일 정도가 걸린다. 아이가 발을 잘 알고 마음대로 움직일 수 있게 되면 발에 대한 흥미는 사라지게 된다. 신비가 풀리게 된 것이다.

그런데 아이가 자기의 성기를 살펴보는 시기에 이르면 우리는 볼기를 찰싹 때리거나 나무라는 표정을 지으면서 못하게 한다. 얼마 후에 아이가 말을 알아들을 수 있게 되면 우리는 착한 아이와 '불결하고 나쁜' 아이에 대해 도덕적인 교육을 한다. 그렇게 해서 우리는 아이들에게 신체 중에는 나머지 부분들과 다른 '나쁜' 부분이 있음을 가르쳐준다. 성기를 비밀스럽게 취급함으로써 아이들의 관심 속에 신비감을 고착시킨다. 어린 아이들의 마음속에는 성기와 관련된 어떤 '도덕적인' 요소는 전혀 없으며 부도덕의 요소는 더더구나 없다. 그런데도 부모들은 신경을 곤

두세우고 호기심을 억제하기 위해 곧잘 야단치는 방법을 쓴다. 훗날 외설적인 것에 많은 관심을 갖게 되는 것은 유아기에 아주 자연스럽고 좋지도 나쁘지도 않은 중립적인 건강한 호기심을 억제당한 결과다.

성기에 관심을 보이는 아이의 태도에 혼란스러워 할 것은 전혀 없다. 아이가 자기 성기에 관심을 갖는 것은 발이나 손가락, 장난감 등에 흥미를 보이는 것과 전혀 다를 바가 없기 때문이다. 그러나 우리는 성에 대한 잘못된 자신의 태도를 아이에게 투사시키면서 비합리적으로 아이에게 화를 내고 야단을 친다. 자신이 어린 시절에 이 문제에 대해 비합리적으로 비난을 받아왔기 때문이다. 그래서 우리는 어린아이들에게 몸의 이런 부분을 신비로운 것이 되게 하고, 그런 곳에 대한 강박적인 흥미를 불러일으키고 있다. 이러한 흥미는 훗날 성에 대한 과도한 집착으로 발달하게 될 것이다.

성뿐만 아니라 다른 무의식적인 태도도 부모에게서 자녀에게로 의식하지도 못한 채 아주 쉽사리 옮겨간다는 사실을 주목해야 한다. 부모의 사려 깊고 의식적인 태도가 아니라 무의식적이고 감정적인 태도에서 이러한 문제들이 나타나기 때문이다. 흔히 가정에서 공통으로 나타나는 사고방식은 생리적 유전처럼 보이지만 전혀 유전이 아니다. 성에 관한 주제들이 우리의 일상생활과 분리되어 영화, 책, 광고 등에서 얼마나 많이 다루어지고 있는지를 보면, 성이 늘 우리의 주의를 끄는 주제라는 것을 알 수 있다. 이것은 충족되지 못한 호기심의 유산이며, 일찍이 성에 대한 호기심을 억제당했기 때문에 생긴 결과이다. 어린 아이들의 성을 대하는 우리의 태도가 바로 이러한 어른들을 키운다.

우리는 일상생활에서 성과 배설 작용을 매우 밀접하게 연관하여 생각한다. 이러한 생각은 어느 정도 불가피할지 모른다. 그것은 자연 속에 구현된 신의 섭리일 수도 있다. 하지만 여기에는 그 이상의 것이 있다. 우리는 아주 어릴 때부터 무의식 속에서 성과 배설을 아주 밀접하게 관련짓고 있어서 아이들에게 이 두 가지 일로 야단을 칠 때 자연스럽게 같은 형용사를 쓴다. 즉 아이가 제 성기를 자세히 살펴보고 있을 때와 위생적인 측면에서 실수를 했을 때, 둘 다 '더럽다'고 말한다. "불결한 짓을 하면 나쁜 아이야!"라든가 "그건 더러운 거야!" 식으로 말한다. 부모가 무의식적으로 성과 배변에 대해 불결함과 더러움으로 되풀이해서 말하게 되면 그것이 곧 아이의 사고방식이 된다. 이 다른 두 가지 행위에 대해 아이가 분명히 다른 이 두 가지를 동일시하리란 것이 논리적이지 않을 수 있다. 그러나 그것에 대해 꾸중이나 심한 도덕적 비난을 하는 것이 무의식에 남기는 결과도 결코 합당한 것이 아니다.

아이들에게 차츰 미적 감각이 발달해 신체의 배설물을 더러운 것으로 판단하게 되었을 때, 유아기의 이런 경험에 따라 사춘기 시기가 되면 영구적으로 성과 위생에 대한 태도가 정해진다. 무의식 속에서 이 두 가지를 같이 비난받아야 할 것으로 여기게 된다. 아이 때에 몸의 이 두 영역을 같이 생각할 뿐 아니라 이런 비논리적인 무의식이 발달되어 어른이 되어서도 성에 대해 포괄적으로 비난하게 된다. 그래서 성을 아름다움이 아니라 추악함과 연관짓는 어른이 된다.

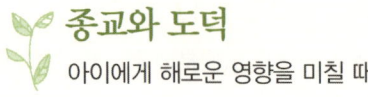
종교와 도덕
아이에게 해로운 영향을 미칠 때

어린아이들이 처음으로 하나님에 대해 듣게 되는 것은 부모가 탐탁치 않게 여기는 성기 문제와 많이 관련되어 있다. "하나님은 그런 짓 하는 아이를 싫어하셔." 또는 한층 더 나쁘게 "네가 만일 거기에 손을 대면 손을 잘라내야 할 거야." 하고 말한다. 자신의 몸의 일부가 불결하다는 설교를 듣고 이 설교가 옳다는 것을 증명하기 위해 하나님까지 동원되면 아이의 마음속에는 하나님은 곧 금지와 벌이라는 생각으로 연결된다. 아이의 종교 생활에 이러한 영향을 끼치는 일은 매우 불행한 일이다.

그러나 더욱 불행한 일은 그 후로 계속 무의식 속에서 죄와 성이 하나로 연결된다는 점이다. 처음 이 두 가지가 서로 연관되면 어른이 되었을 때 성생활이 왜곡되는 비극적인 결과를 낳을 수 있다. 그렇지 않으면 반대로 모든 도덕에 반발하게 될 수도 있다. 유아기에 아이의 자연스런 욕망을 억누르면 아이는 무기력하게 어른들의 강제를 그대로 받아들이게 되거나, 강제된 제한에 반항하는 방향으로 나아가게 된다. 그에 맞먹을 정도의 '더러운 짓'을 강박관념을 갖고 행하거나, 사유와 힘을 상징하는 어떤 반항적인 형태의 행동을 한다.*

아이의 행복을 위해 근본적으로 유의해야 할 것은 신에 대한 언급을 처음으로 할 때 어떤 것이 되었든 도덕적인 개념을 개입시키지 말아야 한다는 것이다. 오직 인간의 행복과 창조, 영적으로 도움을 주는 존재로 소개해야 한다. 어린 아이들에게는 신을 여러 가지 일상적인 일이나 문제 행동과 연관시켜 언급해서는 안 된다. 그러면 신에 대한 부정적 개념이 형성될 위험이 줄어들 것이다. 훗날 신앙심이 사랑과 봉사의 개념으로 자유로이 발달하게 되고, 그것은 사회적인 표현 활

※ 성공하지 못한 억제의 경우도 물론 있다. 이때는 역압시의 힘에 의해 그것이 금지된 것이기 때문에 더 하게 된다. 사실 어떤 행동은 그것이 금지되어 있다는 이유만으로 하게 되는 경우도 있다. 담배를 피우는 소년의 경우가 좋은 예다. 아이들은 그것을 배우고 싶어서가 아니라 그것이 '못된 짓'이기 때문에 한다. 아이가 해도 좋도록 허용되어 있는 아버지의 여러 가지 좋은 행동은 본받지 않는다. 대개 흡연에 대한 금지가 아이들로 하여금 담배를 피우게 만드는 첫 번째 원인이다. 흡연으로 인해 병이 나게 될지라도 그 습관은 고쳐지지 않을 것이다. 왜냐하면 권위와의 투쟁에서 생기는 그러한 욕망들은 피해를 입은 결과로는 고쳐지지 않기 때문이다. 인위적으로 조장된 욕망은 대개 불쾌한 결과를 가져오지만 개개인이 그러한 문제와 맞붙어 대결하기는 어렵다. 이런 현상은 음주, 습관성 약물 복용, 성도착 등에서 명백히 볼 수 있다.

동을 올바른 방향으로 이끌어 주게 될 것이다. 엄마의 무릎에 앉아 부정적인 방식으로 '종교적' 가르침을 받은 아이는 미래에 대한 불안감을 갖게 되고, 성장과정에서 교정이 된다 하더라도 결코 완전히 교정되지는 못할 것이다.

꼭 해야 할 '도덕' 교육이 있다면 때를 잘 택해야 한다. 아이가 일이나 놀이에 정신을 빼앗기고 있을 때는 가르쳐 봤자 스쳐 지나가 버린다는 사실을 부모들은 잊지 말아야 한다. 잠자리에서 아이가 엄마 품에 안겨 사랑받고 싶어 하고, 완전한 휴식과 안정감을 맛보고 싶어 할 때 도덕적인 설교를 해서 아이를 실망시키거나 기대를 저버려서는 안 된다. 그러

면 아이는 안정감과 휴식을 누리기가 어렵다. 뿐만 아니라 자기를 방어하기 위한 변명을 생각하느라 정신적으로 애쓰게 된다. 이는 피로의 커다란 원인이 된다. 피로라는 것은 신체 활동보다 심리적인 활동 때문에 생기는 경우가 훨씬 많기 때문이다. '도덕적인' 설교는 아이의 창조적 충동이 왕성한 이른 아침이 그나마 가장 적당하다. 잘못된 도덕교육으로 인해 아이들에게 열등감이 쉽게 생겨난다. 이러한 열등감은 우리 삶을 힘들게 만드는 가장 파괴적인 요소 중 하나이다.

상상력이 생기고, 말을 하고, 들은 말을 이해하는 능력이 생기면 아이의 최초 시기인 유아기가 끝나게 된다. 아이는 지금까지 오로지 여러 가지 진실만을 접해 왔다. 모든 인상 하나하나를 여러 감각을 통해 직접 알게 되고 자신의 실험을 통해 진실임을 증명해 왔기 때문이다. 여러 가지 신비와 모순을 경험해 왔지만 명백한 거짓에 대해서는 아직 알지 못한다. 그의 세계에서는 모든 것이 존재하거나 혹은 존재하지 않거나 둘 중 하나이다. 장래를 좌우하는 지식, 재능, 감정의 기초가 든든하거나 혹은 든든하지 않거나 하는 것은 아이가 그동안 얼마나 스스로 실험해 볼 수 있었는가에 따라 결정된다.

엄마가 아이의 노력을 소중하게 생각해서 여러 가지를 해 볼 수 있게 도와주었다면, 자연히 다음 발달단계로 나아갈 준비가 잘 되어 있을 것이다. 그는 성취감을 알기 때문에 강하고 자신감이 있으며, 진실을 알기 때문에 확신에 차 있을 것이다. 또한 어려움을 극복해 왔기에 인내심도 있을 것이다. 이에 반해 자신의 여러 가지 관심거리를 결정하는 데 방해를 받은 아이나, 엄마가 시끄러운 소리를 싫어한다는 이유로 소리 내는 일을 금지당한 아이, 옷이 더러워진다는 이유로 마룻바닥에서 기어 다니지 못한 아이, 또는 여러 가지 일들을 대신 해 주는 누군가 때문에 성취감을 맛볼 기회를 갖지 못한 아이, 어른 말을 억지로 따르게 하여 창조성을 발휘하도록 자극 받지 못한 아이들은 출발부터 장애를 지닌 채 발달의 다음 단계로 들어서게 될 것이다.

" 모든 위험과 어려움을 이겨내는 공상은

어린아이들에게 많은 영향을 준다.

아이들은 이렇게 해서 자신의 열등감을 보상받는다.

만약 잘못을 저질렀을 때 지나치게 가혹한 벌을 받아온

아이라면, 게임에서 지배적인 독재자가 되어

자기가 당한 것들을 보복하려 할 것이다."

상상의 시기가 아이들에게 필요한 까닭

상상의 세계 속으로
열등감을 보상 받고 싶은 욕구

  두세 살부터 아이는 감각을 통해서 활동력을 얻는 유아기 단계에서 벗어나게 된다. 그 동안 아이는 자신의 몸과 주위에 있는 물건들을 만져 보면서 맘대로 다룰 수 있는 능력을 키워 왔다. 이제 말을 하게 되면서 의사소통을 할 수 있게 되고, 걷고 뛰고 근육을 다양하게 움직일 수 있게 된다. 또한 자기만 알던 독불장군에서 벗어나 이제는 자신의 의지 외에 다른 사람들의 생각과 의지가 있다는 것도 깨달아 간다. 아이는 이제 그의 행동에 단지 신체적인 제약뿐 아니라 훨씬 더 많은 다른 제약도 있다는 사실을 경험을 통해 알게 된다.

  일곱 살 무렵까지의 아이는 신체적으로 안정되면서 새로운 힘을 찾게 된다. 이때 아이는 현실에 존재하지 않는 놀라운 상상의 세계로 들어가며, 상상 속의 새로운 관계를 만들어 낸다. 상상의 세계 속으로 자신을 투영함으로써 어른들의 거대한 세계에서 아주 작은 부분만을 차지하는 자신의 왜소함과 하찮음을 보상받으려 한다. 모든 어린 아이들은 거대하고 확고부동한 사물과 어른들 사이에서 열등감을 느끼게 되지만, 상상 속의 세계에서는 작고 약한 자신을 위대하고 강하게 역전시킬 수가 있다. 아이의 상상 속에서는 세상이 고분고분하고 친절하다. 모든 사물과 사람들이 아이가 지시하는 대로 따라준다. 그 세계는 비논리적이며, 사실과 허구, 진실과 거짓 사이에 경계가 분명하지 않다. 동화는 실화로 받아들여진다. 역사적인 일화든 생활 속의 실화든 아직은 무엇이 '사실'인지 아닌지 개념이 전혀 없다.

한 아이가 매우 놀란 얼굴로 엄마에게 달려갔다. 아이는 커다란 검은 곰이 자기를 어떻게 공격하고, 어떻게 따라 왔는지 얘기한다. "아니야! 여기엔 그런 곰은 없어." 엄마는 대수롭지 않게 말하지만 아이는 점점 더 무서워진 표정으로 창밖을 가리킨다. "창밖에 검은 곰이 있어요. 엄마도 보세요." 엄마가 창밖을 내다보니 정원에 검둥개 피도가 잠자고 있다. "너 나쁜 아이로구나. 일부러 거짓말을 했으니 네 방에 가서 꿇어앉아 하나님께 용서해 달라고 기도 드려야겠다!" 엄마의 꾸중에 눌려서 아이는 그대로 할 수밖에 없다. 하지만, 아이는 잠시 후에 되돌아와서는 안심하는 표정으로 이렇게 말한다. "엄마, 맞아요. 하나님은 내가 말하는 걸 들으시고 내게 걱정할 것 없다고 말씀하셨어요. 하나님도 종종 우리 피도를 곰으로 착각하신대요." 처음부터 끝까지 이 아이는 거짓말을 전혀 하지 않았다. 모든 것이 그 아이에게는 사실이다. 상상의 시기에는 하나님까지 포함해서 모든 우주가 아이가 바라는 대로 형성되기 때문이다.

이런 상상력은 어린아이들의 모든 놀이(특히 인형놀이)에서 직접적으로 발휘된다. 모든 위험과 어려움을 이겨내는 공상은 어린아이에게 많은 영향을 준다. 아이들은 이렇게 해서 자신의 열등감을 보상받는다. 만약 잘못을 저질렀을 때 지나치게 가혹한 벌을 받아온 아이라면, 게임에서 지배적인 독재자가 되어 자기가 당한 것을 보복하려 할 것이다. 아이가 노는 모습을 보면 그 아이의 이상이 무엇인지, 힘에 대해 어떤 개념을 가지고 있는지 알아낼 수 있다. 이런 방법으로 아이의 상상력에 대해 연구해 보면 그 아이가 자라 온 환경을 이해할 수 있다.

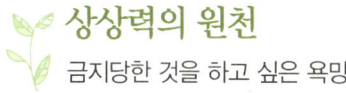

상상력의 원천
금지당한 것을 하고 싶은 욕망

상상의 시기에는 아이를 매우 주의 깊게 대해야 한다. 이 시기에 어둠을 무서워하거나 심지어 '공포감'으로 가득 차 있는 아이에게 "저기엔 아무 것도 없어." 하며 불을 켜서 증명해 보이려 하면 안 된다. 두려운 것은 바로 그 아이 자신의 내부에 있기 때문에 자기 외부에 아무것도 없다는 말을 듣는 건 단지 그 아이를 짜증나게 할 뿐이다. 비록 아이의 공포가 외적으로는 허구일지라도 그 자체는 엄청난 현실이다. 세 살이 넘은 아이를 주의 깊게 살펴보면 아이가 무엇을 걱정하는지 알 수 있다. 그것은 대체로 이전에 하지 못하도록 금지당해 온 것을 하고 싶어 하는 욕망에서 나온 것이다. 아이가 어둠을 두려워하거나 지나치게 상상력이 발휘되는 것은 대개 보호받고 싶은 욕망이 억압되어 여러 갈래로 나타난 결과이다. 어른과 마찬가지로, 어린 시절의 조화로운 인격은 여러 가지 생각을 통해 자연스럽게 성숙하고 성장한다.

상상의 시기에 있는 아이는 아직 개인주의자이며, 자신의 목표만을 추구한다. 어떤 것이 할 만한 가치가 있는 것인지, 어떤 것이 가질 만한 가치가 있는 것인지에 대한 타인의 의견에는 아무런 영향을 받지 않는다. 아이가 자기 것이라고 소중히 여기는 물건은 실제적인 가치나 효용성이 거의 없지만 아이의 상상 속에서는 그 물건이 유용한 것이기에 소중하다.

이 시기에 아이는 좀더 지속적인 목표를 이루어 나갈 수 있다. 또한 더 집중할 수 있고, 더 복잡한 행동을 할 수 있다. 생활에서 확고한 목표가 생기기 시작하며 목표로 인한 실패도 극복할 수 있게 된다. 어떤 아이는 특정 음식에 집착하기도 해서 건강을 해치기도 한다. 상상기의 아이는 자기가 좋아하는 음식을 실컷 먹는다고 상상하며 다른 음식을 먹고 싶어 하지 않아 체중이 줄기도 한다. 아이가 이런 식으로 상상의 생활을 하는 일은 매우 자연스럽다. 아이는 자신을 동물이라고 생각해서 여러 달 동안 고양이나 개처럼 살 수도 있고, 자신을 왕이나 다른 사람이라고 여겨 그렇게 행동하거나 상상의 친구와 이야기를 오랫동안 나눌 수도 있다. 때로는 자신을 실제의 자기보다 더 위대하다고 생각해 주위를 마음대로 지배하려고 하며, 더 약하고 외로운 존재로 상상하기도 한다.

실제로는 그렇지 않은데도 자기가 끊임없이 잔인한 벌을 받고 있는 희생자라고 생각하는 것도 상상의 시기에 있는 아이들에게는 흔히 있는 일이다. 이런 자기 징벌은 이전에 심하게 야단을 맞거나 창피를 당했거나 비난을 받았던 데서 오는 결과이다. 이런 경험을 한 아이는 상상 속에서 자신을 불행하게 만들고 그것을 해결해 가면서 행복해지는 상상을 한다.* 물론 이렇게 엄하게 다뤄진 아이가 상상 속에서 자기를 우월하고 대단한 존재로 생각하는 반대의 경우도 있다. 어느 경우든 아이가 벌을 받아 창피를 당한다면 도덕적 개선은 되지 않고 아이로 하여금 상상을 통해서 위의 두 방향 중 한쪽으로만 가게 만든다. 벌이 아이에게 억압을 주는 만큼 아이는 자라지 못할 것이며, 비록 의식하지는 못할지라도 자연스레 채워지기 마련인 욕구가 충족되지 못한 채 그대로 남아 있게 될 것이다.

어린아이가 힘의 개념을 스스로 터득하게 하는 방법은 하나의 표준으

* 어른들의 생활에서도 이런 태도가 흔히 나타난다. 연인들의 싸움은 사랑을 새롭게 하는 것이라는 격언이 있다. 또 비록 당장 즐거움을 느끼진 못하더라도 자기 자신에 대한 불만을 스스로에게 확신시킴으로써 후회의 달콤한 감정을 즐기는 경우가 있는데 마약 복용자, 알콜 중독자 등도 그러하다. 이런 태도는 전적으로 무의식적인 것이다.

로 어른들이 세워 놓은 이상을 보고 자신도 이를 성취하는 것으로 생각하는 것이다. 따라서 아이는 표정이나 말이나 행동에서 그 이상에 따를 준비를 하게 되고, 이런 준비는 나중에 어른이 되었을 때 더욱 크고 발전된 이상을 품게 한다. 그러나 문제는 바로 여기에 있다. 첫째로 어른의 이상은 어린 시절의 이상이 아니며 또 그렇게 될 수도 없고 되어서도 안 된다. 이상주의는 협동심과 충성심이 생기는 시기가 되어야 비로소 가능하다. 그러나 섣불리 아이의 이상을 가로막아서도 안 된다.

또 아이가 지나치게 높은 기준을 설정하거나, 아직 실제적으로는 불가능한 비현실적인 선행을 하도록 동기 유발을 함으로써 마음이 너무 앞서 나가거나 무기력해질 수 있다. 무기력함은 억압받는 것만큼이나 해롭다. 왜냐하면 그런 태도는 도저히 성취할 수 없는 성공에 대한 환상을 만들어 내고 결국 "나는 그 일을 못해, 나는 포부가 없어." 하고 체념하는 어른을 만들기 쉽기 때문이다. 그런 사람은 어렸을 때 포부가 없었던 것이 아니라 성취할 수 없는 너무나 큰 포부를 가지고 있다가 감당하지 못하고 포기해 버린 것이다. 이상을 너무 높게 갖는 것은 지나친 상상력을 불러오며, 아이를 환상의 세계에만 살도록 몰아넣는 결과를 낳는다.

이런 이유 때문에 지나치게 이상적인 엄마와 야단을 잘 치는 엄마는 똑같은 결과를 믿는다. 야단을 잘 치는 엄마는 아이가 한 일에 항상 야단을 쳐서 의기소침하게 만듦으로써 그 아이를 환상의 세계로 도피하게 만든다. "착한 ○○가 여기 있었다면 어떻게 했을지 생각해 보렴."

하는 식으로 창피와 냉대를 받은 아이나 또는 잘못했을 때 적절히 지적받지 못한 아이는, 낡은 현실 세계를 바꾸기 위해 새로운 세계가 와야 한다고 꿈꾼다. 그는 완전히 상상 속에 빠져들어 현실을 무시하게 될 것이다. 행동하기보다는 상상을 즐기는 습관은 어른이 되어서도 남아 있기도 한다. 우리는 미래의 두려움과 정복해야 할 새로운 세계에서의 영웅적인 역할을 기대하며 단조로운 일상을 무심하게 지내며 살아간다.

상상력이 아이에게 주는 것 I
우월성, 행복, 힘

상상의 시기라고 해서 온종일 상상만 하는 것은 아니다. 상상의 시기는 처음으로 상상이 시작되며 이전 단계에서 단순하게 경험했던 감각의 세계가 줄어드는 시기다. 아동기의 어떤 '나이'도 그 시기의 중요한 한 가지 특성만으로 간단히 규정지을 수는 없다. 그 특성에 걸맞게 이름을 붙이는 것이 맞을지는 몰라도, 그 다음에 올 다른 시기의 특성을 배제하고 일정 기간 내에 같은 특성만 보이지는 않는다. '상상의 시기', '자기주장의 시기', '충성심의 시기'라고 하는 것은, 어린 시절의 어떤 특정 시기에(아이의 환경과 이전 경험에 따라 매우 다양할 수 있다) 이런 저런 본능적 능력이 무의식에서 나와 의식적인 행동의 원천이 됨을 뜻하며,

이런 동기가 그 기간 동안 지배적이라는 것을 의미한다. 어떤 시기에는 오직 하나의 동기만이 작용한다거나 그 시기가 지나면 효과를 상실한다는 의미가 아니다.

같은 과정으로, 남성과 여성의 온전한 능력은 간격을 두고 발달하며 모든 지배적 경향성과 본능의 종합이다. 안정감과 피난처에 대한 욕구, 여러 감각 능력의 체계적 사용, 비현실적인 세계 상상하기, 불분명하고 적대적인 힘에 대항하여 자기 자신을 주장하기와 같은 것은, 각 연령 단계에서 차례로 지배적인 요인이 되는 경향(협동과 집단정신, 충성심, 성의식의 발달)과 함께 완전한 인간이 되도록 돕는다.

각 단계의 특성은 전체 안에서 연결될 때 그 성격이 변화하며 그 과정에서 인간은 전인적으로 발달할 수 있다. 갓난아이에게 무엇인가를 빨게 하고, 세 살쯤 된 아이에게 자신의 근원과 출생에 대한 호기심을 불러일으키는 힘은 후에 완전한 성생활을 이루는 주요인이 된다. 그러나 만일 자기주장이나 공상, 입이나 입술의 쾌락에 대한 욕구가 채워지지 않은 채로 남아 있다면, 어른이 되었을 때 상대적으로 불완전한 감정과 불행을 느끼게 된다. 반면 어렸을 때 충분한 기회와 자유를 누렸다면 그것은 잠재적 능력이 되어 온전한 인격을 위한 완벽한 재료가 될 것이다.

상상의 시기는, 비현실적인 것이 현실과 혼합되어 있는 때이다. 사실은 사실로서 남아 있지만 그 경계가 분명하지 않다. 빗자루가 말이 되기도 하고, 마분지로 만든 왕관에 왕의 모든 위엄이 서려 있을 수 있다. 식탁은 산마루이고, 식탁 아래는 도둑의 소굴이 있다. 하지만 식탁 위의 아침 식사는 그대로 실재實在로서 남아 있다. 인형이 말을 하거나 걸어 다니면서 이야기를 듣기도 한다. 이런 현상에는 심리학적인 이유가 확실히 존재하는데, 다름 아닌 자신의 작은 몸으로 움직이기에는 너무나 큰 세계와 평형을 이루고 싶은 의지의 표현이다.

상상은 의지를 대신하는 것으로서 의지를 훈련시키는 첫 단계이다. 상상은 거짓을 말하는 방식이 아니라 성장하는 방식이다. 상상의 시기에 허구는 유용하고 필연적이며 정당하다. 정직을 가장 중요하게 여기는 엄마는 아이가 개를 곰이라고 말하는 것조차 나쁜 일로 받아들일 수 있다. 엄마는 있는 그대로를 보지만, 아이는 개를 곰으로 상상할 수 있다. 아이는 자기 방식대로 상상할 권리가 있다. 아이가 만들어 낸 이야기를 가지고 창피를 주거나 거짓말쟁이라고 비난하는 반응은 그 애가 어른이 되었을 때 거짓말쟁이로 되도록 만드는 시초를 제공하고 만다.

아이들의 상상을 철저하게 파헤쳐 거짓말을 하지 못하게 하는 것은 상상의 시기에 자유롭게 살 권리를 빼앗는 행동과 같다. 그것은 아이를 충족되지 못한 욕구에 묶어 두는 것이며, 살아가면서 계속 그를 괴롭히고 좌절시키는 원인이 된다. 이 시기에 나타나는 거짓말은 창조적인 거짓말이다. 아이는 발달과정에서 그 시기에 할 수 있는 최선의 방법으로 자신의 환경을 이용한다. 이런 거짓말은 자연적인 것인데도 우리는 이 시기의 아이를 비도덕적으로 몰고 가기도 한다.

이 시기에 인형을 가지고 노는 활동은 상상력을 가장 잘 발휘할 수 있는 방법이다. 아이에게 다른 사람은 너무 크고 다루기 어려운 대상이지만, 인형은 자기가 말하는 대로 행동하고 음식을 먹이면 받아먹으며, 침대에 눕히거나 목욕을 시킬 수 있다. 결코 말대꾸를 하지 않으며, 힘센 주인을 존경하고, 자신의 위치를 잘 알고 있다. 인형은 아이에게 마음 편한 환경을 만들어 준다. 또한 인형은 아이들에게 허락되지 않는 것을 대신 할 수 있게 하는 수단으로도 아이들의 관심을 끈다. 간식으로 초콜릿을 먹거나 잘 시간이 지난 뒤에도 노는 일, 비가 올 때 밖에 나가 노는 일이 모두 허용된다. 이렇게 함으로써 인형의 주인은 강력하고 우월한 존재가 되며, 자신의 신체적 왜소함을 보상받는다. 이런 상상력은 아이들에게 우월성과 행복, 힘을 선사한다.

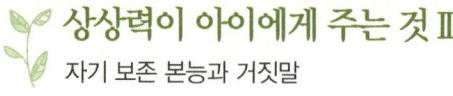

상상력이 아이에게 주는 것 II
자기 보존 본능과 거짓말

그러나 상상력은 다른 형태의 거짓말을 낳을 수 있다. 이런 거짓말은 힘이나 우월성, 성공의 본능에서 오는 것이 아니라 자기 보존의 본능에서 오는 것이다. 이 두 번째 거짓말은 창조적인 것이 아니며, 성장 환경을 형성하는 데에 정상적이고 진보적인 방법이 아니다. 이것은 벌을 준다고 위협받은 두려움에서 도피하는 행동이다. 여기에서 상상력은 신경질적인 공포 때문에 거짓말을 만들어 낸다. 사실을 생각해 볼 겨를도 없이, 아이는 자기 보호를 위해 즉각적인 충동으로 사실을 부정한다. 주로 두려움에 의해서 동기가 주어졌기 때문에 방어적인 행동을 하게 된 셈이다. 만약 아이들이 벌이나 위협을 당하지 않았더라면, 이런 방법으로 거짓말을 하지는 않을 것이다. 아이에게 호통을 치고 엄한 표정으로 묻고, 엄격한 도덕성을 요구하는 태도는 공포와 혼란을 제공하며 남을 기만하는 거짓말을 하도록 시키는 것이 된다. 이런 거짓말은 습관이 될 수 있다. 그렇게 되면 상상력은 오직 자기 방어만을 위해서 발달할 것이고, 아이는 반사회적으로 성장할 것이다.

리틀 코먼웰스(The Little Commonwelth. 자세한 소개는 2부 참조)에 온 한 소녀의 이야기가 딱 맞는 예이다. 그 아이는 가혹한 취급을 받으면서 심한 거짓말쟁이가 되었고, 상습적으로 다른 사람들을 이간질한다는 이유로 코먼웰스에 오게 되었다. 그 아이는 A부인에게 전화를 걸어서 B부인이 그녀에 대해 말하는 것을 들었다고 하고서는 다시 B부인에게 똑같이 A부인이 그녀에 대해 말하는 것을 들었노라고 이야기했다. 그렇게 하고선 그 두 사람이 만나는 자리에 가서 서로 싸우는 광경을 지켜보곤 했다. 두려움 때문에 역이용되는 상상력은 반사회적 행동에서만 쾌락을 느끼게 한다. 이 아이의 경우는 창조적이고 낭만적인 거짓말이 적절한 시기에 해소되지 않았을 때 그것이 청소년기에 어떻게 계속해서 작용하는지를 보여준다.

그러나 이 소녀의 경우에도 거짓말의 근본 동기는 반사회적인 것이 아니라 친절과 관대함에서 비롯되는 것이었다. 코먼웰스에서 몇 주를 지낸 후에 소녀는 엄마에게 상상력을 펼친 편지를 썼다. 해변을 여행할 때 자동차로 어떻게 다녔으며 가는 도중에 겪은 모든 모험들과 해변에 도착해서 극장에 가고 했던 일을 편지에 자세하게 담았다. 그 편지는 훌륭한 소설이었다. 다 쓰고 나서 그 애는 다른 아이에게 그 편지를 보여 주었다. 편지를 읽어본 다른 아이는 놀라서 "너 어떻게 이런 거짓말을 할 수가 있니? 여기 도착한 후로 여길 떠나본 적이 없잖아." "물론 그렇지. 하지만 우리 엄마는 내 걱정을 많이 하고 있을 거야. 아마 내가 외롭고 따분하다고 생각할걸. 나는 엄마한테 내가 이곳에서 잘 지내고 있다는 걸 알리고 싶어. 그래서 엄마를 행복하게 할 얘기를 만들어 냈지." 그 애는 편지를 내게도 가지고 왔다. 나는 편지를 매우 진지하게 읽고 나서 되돌려 주며 말했다. "참 잘 썼구나, 그렇지만 나는 그 여행이 어떻게 끝났는지 도무지 기억이 나질 않는구나." 그 애는 놀라서 아무 말도 못한 채 나를 바라보았다. 며칠 후에 그 애가 "엄마한테 썼던 그 편지 안 보냈어요." 하고 말했다. "왜 안 보냈니?" 내가 물었더니 그 애는 얼굴을 붉히며 "선생님은 바보 같아요." 하고 소리치는 것이었다. 그 후로 나는 더 이상 그런 꾸며낸 상상의 일 때문에 그 소녀를 걱정할 필요가 없었다.

아주 어린 아이들의 경우도 길고 종잡을 수 없는 상상의 이야기가 계속될 때면 그 이야기를 진지하게 받아주는 것이 이야기를 멈추게 하는 방법이 될 수 있다. 그것은 정신적인 발달과정에 대한 이해의 문제이다. 거짓말하는 어린애를 깨닫게 할 필요가 있을 경우에는 도덕적인 방법이 아니라 심리적인 방법을 써야 한다. 그리고 상상속의 거짓말의 동기가 교감과 우정일 경우에 어떤 경우에도 나쁜 짓으로 다루어져서는 안 된다. 다른 거짓말들은 위협과 벌에서 벗어나기 위한 방편이므로 아이가 자기 자신과 타인에 대해 신뢰를 갖게 하는 방법으로 대처해야 한다.[*]

> * 아이의 거짓말은 창조적일 수도 있고 부당함과 박해에 필요한 방어일 수도 있다. 상상의 시기에 불화를 일으키는 이런 특성은 모험적인 본능이 전도된 것이다. 샐쭉해 하는 것은 동정을 받기 위한 의식적인 노력이다. 다섯 살 아이에게 도둑질은 어른이 도둑질이라 이름 붙일 때까지는 도둑질이 아니다. 이런 일이 생길 때 그 원인이 되는 동기를 제거하면 그로 인해 느끼는 즐거움이 사라지면서 그것으로 끝을 맺게 된다.

🌱 상상력이 아이에게 주는 것 Ⅲ
출생에 대한 호기심과 성교육

모든 어린 아이들은 세 살쯤부터 자기들의 출생에 대해 궁금해한다. 이것은 상상의 문제로서, 상상력이 크게 부풀었을 때 "나는 어디에서 왔을까?" 하며 궁금증을 갖게 되는 것이다. "새로 태어난 내 동생은 어디에서 왔을까?" 하는 것은 같은 문제의 또 다른 표현이다. 이것은 아이들이 부모에게 처음으로 던지는 질문이다. 아이는 애완동물이나 갓난아기에게 관심을 갖는다. 새로운 생명의 출현은 새 장난감이나 생명이 없는 다른 어떤 것보다도 더 감정적으로 끌린다. 그것은 본능 중에서 가장 근원적인 것으로, 자의식보다 성적 본능이 먼저 발달하기 때문이다.

또 질투심도 아이로 하여금 새로 태어난 아기가 어디에서 왔을까를 생각하게 만든다. 흔한 대답은 "하나님께서 주셨단다"이다. 아이는 재빨리 되묻는다. "하나님이 누구야?" "하나님은 하늘에 계신 분이란다." 아이는 하늘을 바라보고서 신은 파랗구나 하는 모호한 생각을 갖게 된다. 그러나 아직도 자기가 어떻게 만들어졌는지, 어디서 왔는지에 대해서는 만족하지 못한다. 출생이나 근원에 대한 모든 질문에 단순하고 솔직하며 자연스럽게 대답해 주어야 한다. 어떠한 거북함도 보여서는 안 되며(만약 그렇게 보인다면 어린애는 재빨리 눈치챌 것이다) 신비로운 것으로 만들어서도 안 된다.

아이가 어떤 질문을 하든, 의식적으로 성에 관심이 있는 것도 아니고, 더구나 아이 자신이 받아들이기 힘든 성과 탄생에 관한 모든 대답을 요구하는 것이 아니라는 사실을 알아야 한다. 아이는 자기가 도달한 정신적 단계에서 자연스럽게 받아들일 수 있는 것만을 요구하고 있다. 어떠한 거짓말도 치명적이다. 아이는 무의식적으로 그 거짓말 뒤에 숨어 있는 불편함을 느낄 것이다. 해결되지 못한 탄생의 비밀에 대한 흥미가 엄마에게 고착될 것이다. 아이가 보기에는 엄마는 말할 수 있는데도 말해 주지 않기 때문이다. 이런 질문을 자극하는 상상력은 후에 성생활로 변모할 요소이다. 그렇기에 아이의 흥미가 엄마에게 고착되는 것은 이후 그 아이에게 매우 나쁜 영향을 미친다. 그 아이는 계속 엄마를 중심으로 지속적이며 불만족스러운 소망을 가지기 때문이다.* 아이가 원래 엄마의 한 부분이었으며, 엄마가 임신하여 자기를 낳았다는 사실을 말해 주는 것은, 주위에서 흔히 볼 수 있는 정도의 단순한 과학적 사실을 말해 주는 것과 같다. 바로 이것이 그 아이가 알고 싶어 했던 것이다. 아이가 아주 어렸을 때는 아직 생리적으로 나타나는 성적인 요소에는 관심이 없다. 아이가 동물을 관찰하여 더 많은 것을 알고 싶어 할 때는 솔직하게 알려 주어야 한다. 생명의 탄생에 대해 들어 온 아이는 시골에 살거나 시골을 방문한다면 점차 생리적인 사실들을 혼자 힘으로 즐겁게 발견해 간다.

※ 엄마가 여러 가지 호기심을 해결해 주지 않으면, 정당하고 자연스런 성에 관한 호기심이 엄마에게 고착되어 무의식적으로 계속 의존하게 된다. 이러한 무의식이 지속되는 한 다른 사람들에게도 자신에 대한 애정의 증거를 계속 요구하게 될 것이다. 이후 엄마로 상징되는 대체인에게도 이와 똑같이 의존하게 된다. 이 같은 의존적인 애정 욕구로 인해 많은 우정과 결혼이 깨어진다.

전체적인 이야기는 영적 기반이 있어야 한다. 성에 관한 가르침은 부모가 진지하게 맡아야 하며, 낯선 사람에게 듣거나 음란한 방법으로 배워서는 안 된다. 성이란, 신이 세상을 더 나은 곳으로 만들기 위해서 마련한 가장 위대한 선물로서 모든 생명의 시작이며, 긍정적 관념과 행복을 주는 존재로서 신과 연결하여 가르치는 것이 바람직하다. 이 과정을 겪으면서 아이는 성 관념을 싫어하거나 경멸하지 않게 된다. 신과 생명의 탄생이 연결되면 신에 대한 부정적 개념 대신 행복의 긍정적인 개념을 가질 수 있다.

부모와 교사는 자녀와 학생들에게 생물학적인 이야기, 즉 생명이 처음에는 단세포였으며, 어떻게 물에서 살았는지를 명확하게 가르치는 방식을 택하는 것이 가장 좋다. 다시 설명하자면, 생명이 어떻게 유지되는지, 일정 기간이 지난 후 소화기관이 발달하고 동물들이 먹이를 찾게 되면서 스스로 살아남기 위한 수단을 쟁취하는 자기 보존 본능이 발달하는지에 대해 이야기해 주는 것을 추천하고 싶다. 또한 많은 생명체들이 육지로 이동해 와서 물속에서처럼 숨을 쉴 수 없을 때 숨 쉬기 위해 어떻게 폐를 발달시켰는지, 몸을 따뜻하게 하기 위해 피를 순환시키거나 육지 생활에 적응하기 위해 어떤 변화를 이루었는지를 설명해 줄 수 있다.

또한 모든 생명체가 어떻게 서로 다른 성을 갖고서 자신들을 보전해 왔는지를 이야기해야 한다. 최초로 가장 단순한 생물은 단지 세포 분열만으로 종족을 유지해 왔다. 단세포 생물은 분열해서 두 개의 세포가 되는 방식으로 살아간다. 그러다 마침내 놀라운 진화가 이루어졌다. 남성과 여성이라는 두 개의 성이 만들어져서 그들의 협력으로 새로운 생명이 태어나게 되었음을 이야기해야 한다. 이 지점에서 식물의 생식을 자세히 묘사함으로써 성의 문제를 생리학적으로 다루면 좋다. 이 과정에서 식물의 교배가 어떻게 우연히 이루어지는지, 어떻게 바람이나 꿀벌들에게 의존하는지도 들려줄 수 있다.

다음 단계로서는 동물의 경우 이런 성에 어떻게 쾌락이 첨가되는지에 대해 설명해 주어야 한다. 쾌락은 자신과 닮은 어린아이를 만들기 위해 서로 결합하기를 원하면서 생긴 결과이다. 이것은 우리들이 아기를 가지려는 그리고 자연스럽게 새로운 생명을 만들려는 욕망을 느끼는 까닭이며(마치 인간을 비롯한 모든 동물들이 자신의 생명을 안전하게 지키고자 하는 자연스러운 열망과 같이), 이것이 이성에게 관심을 가지고 서로의 강함이나 아름다움을 자랑스럽게 여기면서 끌리게 하는 동기이다.

새로운 생명을 만들고 싶은 욕망은 멋있는 일이다. 우리가 사랑이라고 부르는 이성에 대한 느낌은 세상을 더 행복하고 더 완전하게 만들기 위해 신이 주신 가장 훌륭한 선물이다. 더욱이 동물은 식물보다 아름답고 훌륭한 방법을 택했다. 왜냐하면 식물의 결합은 우연한 것이지만 동물은 자기의 배우자를 스스로 선택하기 때문이다. 또한 같은 종에서 가장 적당한 대상을 선택하기 때문에 그 자식들은 강함이나 아름다움에서 부모를 능가한다.

집단학습인 경우 식물의 생식에 대해서는 자세히 언급하고 동물의 생식 과정은 가볍게 언급할 수 있다. 어떤 이야기를 해 주느냐를 결정하는 것은 아동의 연령보다는 질문의 성질에 달려 있다. 집단학습인 경우, 비록 비슷한 연령이라 하더라도 아이들마다 발달의 차이가 있으므로 동물생리학에 대해 좀더 암시적인 언급이 필요하다. 우리가 알고 있는 동물들(수캐와 암캐, 황소와 암소, 수말과 암말, 남자와 여자)이 어미로부터 태어난다는 것을 알려 준다. 그리고 실제 새끼나 아기를 낳는 것이 알을 낳는 것보다 어떻게 더 안전하고 현명한지, 자신을 신과 가장 가깝게 느끼는 사람들은 자신들의 보존에 더 관심을 갖는다는 것도 알려준다. 더욱이 갓난아이는 다른 동물보다 무방비 상태로 태어났기 때문에 더 많은 주의와 세심한 보살핌을 받아야 하고, 때문에 부모는 아이를 더욱 사랑하고 슬기롭게 대해야 한다는 점을 이야기해 준다.

무척추동물은 신체적으로 완전한 상태로 태어나며, 살아가는 데 필요한 지식까지도 모두 갖고 태어난다. 완성체로서 태어나는 것이다. 그러므로 무척추동물들에게는 살아가는 동안 더 행복하고 현명해지기 위해 성장하는 일이 없다. 이에 반해 척추동물인 인간은 자라면서 점점 더 나은 사람으로 성장해 갈 수 있다. 개나 다른 동물들이 서로 자기 짝에 대해 느끼는 감정을 사랑이라고 부르기도 하지만, 남자와 여자가 최상의 사랑에 도달할 수 있으려면 서로를 이해하려는 노력과 지혜로운 진보가 필요하다. 인간은 신이 가장 깊이 생각하고 많은 사랑을 쏟아부은 존재이기 때문에 더 발전한 존재로 개선되기를 바라고 있다.

출생과 관련하여 종교적 관점에서 좀더 설명하는 것이 좋다. 인간에게는 사랑을 발달시키고 확대시켜 가는 단계가 있는데, 첫 단계는 엄마와 아빠가 서로 사랑하는 시기다. 두 번째 단계에서는 태어난 아이를 향한 부모의 사랑이 있으며, 아이들이 부모에 대해 느끼는 사랑과 형제자매끼리 느끼는 사랑이 있어 온 가족이 하나의 행복한 집단으로 묶여진다. 인간의 경우와는 달리 수캐들은 자기 새끼를 알아보지 못하고 다만 어미개만이 새끼를 분간하며 한동안 보살핀다.* 그러다가 새끼들이 자라서 어미 곁을 떠나면 서로 몰라보고 먹을 것을 놓고 싸움을 벌이기도 한다. 그러나 신은 사람에게 가족을 잊지 않고 알아보는 것뿐만 아니라 많은 놀라운 힘을 이용하도록 다른 동물보다 많은 지식과 지혜를 주셨다. 사실 신은 인간에게 특별한 애정을 갖고 계시며, 이 세상에서 이루고자 하는 것을 이루기

---

* 수캐의 태도가 전체 고등동물을 대표하기 때문이 아니라, 단지 잘 알려지고 쉽게 관찰할 수 있기 때문에 언급한 것이다. 사실 인간을 제외한 동물의 수컷에게서는 부성애가 발달되지 않음을 관찰할 수 있다.

위해 인간의 능력을 이용하신다. 사랑의 발달에서 세 번째 단계는 모든 남녀가 진정으로 형제자매가 되는 것이다. 신은 이미 우리로 하여금 보다 광범위한 사랑을 느낄 수 있게 함으로써 세상을 더 낫게 만들고 있다. 언젠가 우리는 높은 사랑의 단계에 도달해 우리를 좋아하지 않는 사람들까지도 사랑하게 될 것이다. 따라서 신은 점점 자신의 작업을 완수해 가는 발명자로 비유할 수 있다. 그 작업은 오직 인간의 도움을 통해서 인간 안에서만 이루어진다는 것을 이야기해야 한다.

이러한 '창조 신화'는 두 가지를 목표로 한다. 하나는 신에 대한 긍정적이고 행복한 관념을 갖는 것이고, 다른 하나는 성에 대해 긍정적이고 행복한 관념을 갖는 것이다. 물론 신과 성에 대한 설명이 대답으로서 충분치는 않다. 이런 질문과 대답은 청소년기까지 이어질 것이다. 다만 상상력의 시기에는 최초로 만족스런 대답이 주어져야 하고, 플라톤이 설명한 딱딱한 방식보다는 동화와 같은 방식으로 대답해 주는 것이 좋다. 자신의 근원에 대해 알고 싶어 하는 열망은 처음에는 성에 대한 호기심으로 시작되어 성생활로 점점 발전될 것이다. 근원에 대한 열망과 성에 대한 열망은 결국 같은 갈망이며, 그중 다른 하나가 발달한 것에 불과하다. 이런 열망은 인간의 궁극적인 목적에 관한 질문으로 이어지고 이로 인해 신학의 발전이 있었다. 다시 말해서, 인간에게 신에 대한 경외심이 생기게 된 것이다.

자기를 주장하는 시기

🌱 고분고분하게 말 잘 듣는 아이를
　 더 걱정해야 하는 까닭

　아이의 다음 발달단계는 자기주장의 시기이다. 이 기간은 영웅주의 시기라고 부를 수 있다. 신체적으로 용감해질 뿐 아니라 위험을 무릅쓰고 행동하며 사회의 평범한 관습에 도전하는 용기가 생기기 때문이다. 이때는 아이의 생애에서 정신적으로나 신체적으로 활동이 가장 왕성한 시기이며, 부모와 주변 어른들에게는 초연한 반응과 편견 없는 행동이 가장 필요한 시기이다. 인간이 성장할 수 있는 최대의 가능성에 대해 내가 확고한 신념을 얻은 것은 바로 이런 격정적이고 폭풍우가 몰아치는 것 같은 시기의 고집 센 장난꾸러기와 만난 후였다.
　자기주장의 시기는 상상력의 시기 바로 뒤에 온다. 물론 이 두 시기는 어느 정도 차이는 있지만 서로 중복되어 유아기와 상상기의 특징을 모두 갖고 있으며, 그것에 새로운 사회적 본능이 추가된다. 이 새로운 힘을 갖게 된 아이는 초기 사회화 단계로 진입해 간다. 갓 태어난 아이에게서도 부모를 향한 사회적 본능이 나타나기도 하지만, 다섯 살이 될 때까지는 진정한 이타주의는 없다고 보는 것이 맞을 것이다. 자기주장의 시기 이전까지 사랑으로 보이는 것의 실상은 의존에 지나지 않으며, 일곱 살 정도가 되어서야 비로소 이 새로운 힘이 행동을 지배하는 주요한 동기로 작용할 수 있다. 따라서 자기를 주장하는 명확한 시기는 일곱 살부터 열한 살까지이며, 이 과도기적 단계를 거쳐 청소년기로 접어들게 된다. 자기주장의 시기 동안 아이는 소란스럽고 주제넘고 까다롭게 굴면서 불쾌한 심기를 드러낸다. 바로 이때 훈육의 문제가 심각하게 대두된다.

두세 살 된 아이는 손과 몸을 바쁘게 움직인다. 그 다음에는 신체적으로 보다 안정된 시기가 온다. 상상에서 즐거움을 느끼며, 환상 속에서 자기의 힘을 발휘하는 때로, 세 살부터 일곱 살까지가 이 시기에 해당한다. 이 시기가 지나면 아이는 그 상상을 실행으로 옮기고 싶어 한다. 이제 아이는 상상하는 것이 아니라 행동하는 것이 중요하다는 사실을 인식한다. 그래서 일곱 살쯤 된 아이는, 모든 주변 어른들 앞에서 문을 쾅 닫고 의자를 두드리고 소리를 지르는 등 자기 힘을 입증하려는 행동을 보이기 시작한다. 또 한편 이 시기의 아이는 자유에 대한 강한 욕구가 있어서 억압을 받아왔다면 행동이 더욱 짓궂어질 것이다.

아이의 현재 행동을 보면 이 아이가 과거에 어떻게 지내왔는가를 알 수 있다. 이전에 아이는 거인이나 용, 동물, 영웅 같은 역할을 하면서 상상의 세계 속에 삶으로써 자유를 얻었다면 일곱 살 이후에는 순수한 상상만으로 만족하기가 어렵다. 진짜 경험과 이 사회에서 자신의 실제 위치에 대한 증거를 원한다. 빗자루나 종이 투구 같은 장난감에는 흥미를 잃고 진짜 전쟁을 원하며, 다른 아이와 싸워 이기려 한다. 이 시기는 결코 누구에게도 복종하지 않고 모든 권위에 반항하려는 경향이 있다. 일반적인 부모는 복종이 선善의 다른 표현이고 복종하지 않는 아이는 나쁜 아이라고 생각하지만, 실제로는 맹목적인 복종이 아이에게 더 해롭다. 오히려 항상 고분고분하게 말을 잘 듣는 아이를 더 많이 걱정해야 한다. 어른들이 만든 규칙에 무조건 따르도록 하는 것은 의존심만 길러주는 결과를 낳고, 창조적인 충동을 억눌러 파괴할 수 있다.

이 시기의 특성은 이전에 권위와 어떤 관계를 가졌는지에 달려 있다. 같은 부모에게서 자라났다 하더라도 결코 두 아이가 똑같이 행동할 수는 없다. 왜냐하면 어떤 경우에도 두 사람이 똑같은 환경에서 자랄 수는 없기 때문이다. 똑같은 나이에 경험한 것이라고 해도 형과 동생의 경험이 같을 수 없다. 따라서 우리는 아이들의 표현이 한결같기를 바라서는 안 된다. 권위에 반항하는 태도를 갖고 있는 아이는 건방지거나 문을 꽝 닫고 시끄럽게 구는 경향이 많을 것이다. 사람들은 착하던 아이가 왜 갑자기 말썽을 일으키고 다루기 어렵게 되었는지 이해하지 못한다. 대부분 부모들은 그 원인을 잘못 진단하고 자기들이 과거에 너무 관대했기 때문에 문제가 생겼다고 생각하고 엄격한 규율로 고치려고 하지만 이것은 옳지 못한 방법이다. 권위의 고삐를 죄기 시작하면 아이는 더 강하게 자기주장을 하면서 심하게 말썽을 피우고 오히려 그것을 즐긴다.

엄마 뱃속에서부터 성인이 되기까지 모든 아이들은 신체적·정신적인 성장과정에서 인류 발전의 역사를 반복한다. 다시 말해, 단세포인 수정체는 어류, 조류와 같은 단계를 지나 인간의 손발과 몸이 만들어지는 진화의 단계에서 모두 같은 과정을 거치며, 이러한 신체적 진화 과정은 출생 때 완성된다. 그러나 정신적인 진화는 아동기에 풀어야 할 과제이다. 진화 과정에서 생명이 거치는 신체 형태가 임신 기간 동안 아이의 신체를 형성하기 위해 필수적인 것처럼 초기의 정신적인 특성도 역시 계승·발전되어야 할 과제이다.

최초의 유아기 기간은 정신적인 진화 단계에서 인간이 외롭고 개별적인 생활을 영위하던 때와 같다. 상상의 시기는 인간이 사회적으로 조직화되지 않고, 자연 환경을 신처럼 떠받들던 전前 사회적(pre-social) 시기와 상응한다. 이후 자기주장의 시기는 원시적인 사회생활의 시작과 같다. 이 시기의 생활을 더 이상 '외롭고, 굶주리고, 불결하고, 야만적인 것'으로 간단히 묘사해서는 안 된다. 비록 아이들 사이에서 싸움이 많이 일어나지만 집단정신이 있어서 개인적인 노력을 가능하게 한다. 반대로 개인주의로 인해 부단히 권위에 반항하며 남을 돕는 일에 무관심한 경우도 매우 많다. 그래도 사회적인 집단화가 이루어지는데, 이 집단화는 개인주의와 맞부딪치며 갈등을 느끼게 만든다. 그런 갈등을 겪은 후에야 진정한 문명과 사회적 정신의 발현이 시작되고 흥미도 점차 확대된다. 그리하여 인류 역사의 마지막 시기라고 할 수 있는 정신적인 성장과 발달이 다음 시기인 충성심의 시기와 청소년기를 통해 발현될 수 있다.

다른 시기처럼 자기주장의 시기도 생물학적인 기원을 갖고 있는데, 집단과 개인 간의 격렬한 갈등의 기원을 말해 주고 있다. 아이는 여러 사람의 의지가 서로 갈등을 드러내는 실재의 세계로 들어가 자기주장을 하면서 변화를 경험한다. 아이의 자기주장은 다른 사람들의 의지에 영향을 미치고 집단정신에도 기여하게 된다. 그렇기 때문에 자기주장의 시기를 사회적 본능의 첫 발전단계로 내세울 수 있는 것이다.

 '눈에 띄게' 착하거나 '눈에 띄게' 나쁘거나

앞서 말한 자기주장의 시기를 구성하는 두 가지 요소 중, 가변적이고 다양한 두 번째 요인은 권위(즉 아버지, 어머니, 손위 형제자매, 또 같은 집에 사는 다른 사람들과 맺었던 이전의 관계)에 그 기원을 두고 있다. 만약 이 권위와의 관계가 행복했고, 부모에게 일방적으로 강요당하지 않으며 합리적으로 이해받았다면 자기주장은 그다지 격렬하지 않을 것이다. 그러나 만약 그 관계가 긴장 상태였고, 말썽꾸러기로 미움을 받아 왔다면 그 아이는 불복종으로써 복수하려고 할 것이다. 남들이 바라는 것과 반대로 행하는 '역암시逆暗示'는 어른들이 포기하지 않고 언제나 좋은 태도를 보여 주는 것에 대한 일종의 반항적 무기다. 이전 시기에 가혹한 권위에 짓눌려 있었다면 자기주장의 시기에는 그런 역암시가 두 배로 강하게 나타난다. 예를 들어 밭 입구에 세워 놓은 '무단침입자는 처벌함'이란 경고문은 오히려 아이에게 역암시를 발동시켜 경고문을 떼어 버리고 밭에 들어가 마음대로 행동하게 만든다. 또 다른 예로 엄마가 외출을 하면서 아이들에게 콩을 콧구멍 속에 넣는 일만 빼놓고 무슨 놀이든 해도 좋다고 말했다면 엄마가 돌아왔을 때 아이들은 엄마가 금지한 장난을 하고 있을 것이다. 돌멩이가 가득 들어 있는 깡통을 짤랑짤랑 흔들면서 걸어가는 소년에게 어떤 어른이 시끄럽다고 꾸짖는다면 아이는 더신이 나서 깡통을 흔들어 댈 것이다. 이러한 소란스럽고 유쾌하지 않은 행동을 멈추게 하려면 금지된 것을 풀어 주는 것이 가장 좋은 방법이다.

이 시기에 아이가 자기 안의 잠재력을 실현하지 못하고 억눌린다면, 이후의 생활에서 범죄를 저지르거나 남의 하수인이 되기가 쉬울 것이다. 리틀 코먼웰스에 강도죄로 유죄 판결을 받은 15살 소녀가 있었다. 그 아이는 물건을 사러 가는 다른 아이에게 10실링을 빼앗았다. 그 여자아이는 이전에 결코 도둑질을 한 적이 없었다. 집에서는 나쁜 친구들을 사귈까 두려워해서 항상 아이를 주의시켰다. 그러던 어느 날, 엄마와 심한 말다툼을 한 끝에 아이는 분노의 배출구를 찾기 위해 밖으로 뛰

* 어떤 희생을 치르더라도 권위에 맞서는 투쟁을 하게 하는 역압시의 힘을 해결하는 몇 가지 방법은 뒤에 이어질 리틀 코먼웰스 사례에서 제시될 것이다. 그 사례들에서 알 수 있는 결론은 자기주장이 적절한 시기에 적절한 방법으로 해소된다면 범죄나 성격 장애와 같이 심각한 어려움은 청소년 시기에 결코 일어나지 않을 것이란 사실이다.

쳐나와 마침내 그런 행동을 한 것이다. 그 소녀는 코먼웰스의 시민으로서 개인적인 희생을 치렀다. 그 아이의 강도질은 저지된 자기주장의 비뚤어진 발산이었다. 만약 그 아이가 자기주장의 자유를 좀더 순화하여 실행했다면 이러한 희생은 피할 수 있었을 것이다.*

부모가 9살부터 11살까지의 아이들이 같은 또래와의 관계에서만 자아를 실현할 수 있다는 것을 이해한다면, 아이들이 부모의 보호를 벗어나려는 것을 기꺼이 감수하려 할 것이다. 그리고 아이의 성격을 부모가 바라는 대로 바꾸려 들지 않도록 주의할 것이다. 그러나 아이가 부모에게 기쁨을 주더라도 부모의 의견 외의 다른 의견을 무시하려 한다면 그것은 매우 위험하다. 그렇게 되면 아이가 장차 학교에 가서 고통과 불만을 느끼게 될 것이다. 부모의 의견에만 따르는 의존성으로 인해 사회적인 관계를 제대로 맺기 어려울 것이기 때문이다. 이런 아이들은 충동적으로 행동하려는 경향이 있으며 이 충동은 심각한 성격장애를 일으키는 원인이 되기도 한다.

그러나 이 단계의 아이에게는 안정감을 주기 위한 통제수단이 아직 필요하다. 아이의 생활에는 처음부터 끝까지 대립하는 두 가지 경향이 있다. 하나는 책임을 회피하며 의존함으로써 안전을 확보하려는 열망이며, 다른 하나는 모든 통제로부터 독립하여 자유로워지고 싶은 열의다. 이 두 열망 사이의 갈등은 자기주장의 단계에서 가장 심각하다. 그런데 어떤 부모들은 아이가 말썽부릴 때 친밀감을 돈독히 하여 문제를 해결하려는 실수를 범한다. 하지만 지나친 친밀감은 오히려 아이가 다른 말썽을 피울 빌미를 준다.(이런 친밀감은 의식적으로 만족을 주지는 못하지만 무의식에서는 강렬한 인간관계로 인해 만족감을 주기도 한다.)

자기주장의 시기에는 다른 어떤 시기보다 '보이기는 하지만 주의를 끌지 못하는 것'에 대해 만족하지 못한다. '착한 것'은 소용없다. 왜냐하면 조용한 아이는 주의를 끌거나 칭찬을 받지 못하지만, 시끄러운 아이는 주의를 끌어서 다른 아이들보다 두드러질 수 있기 때문이다. 아이는 창조적인 자기주장에 의해, 또한 성공적인 활동이나 솜씨로 칭찬받음으로써 주의를 끌고 칭찬 받는 것을 좋아한다. 그러나 아이가 칭찬받는 방법으로 원하는 것을 얻지 못한다면 남에게 해를 끼치는 행동을 해서라도 주목받으려 할 것이다. 만약 아이가 눈에 띄게 착하지 않다면, 그만큼 눈에 띄게 나쁠 것이다.

연인들의 싸움도 같은 이유에서 생긴다. 어린 시절에 진정한 친밀감을 갖지 못했기 때문에 그 욕구가 성인 시기의 애정관계에까지 이어지는 것이다. 그래서 친밀감을 이루는 특별한 관계를 얻기 위해 걸핏하면 싸움을 벌인다. 연인에게 이런 싸움을 거는 사람은 자신을 충분히 신뢰하지 않는 것이며, 이는 어린 시절 행동에 비난을 받은 결과이다.

보통 우리는 겉으로 드러난 행동에 너무 주의를 집중하고, 그 행동의 동기는 덮고 넘어가기 쉽다. 똑같은 문제가 교실 안에서도 일어난다. 아이가 엄마에게 의존하려는 욕망으로 가득 차 있다면, 학급에서 필요

❝ 아이가 칭찬받는 방법으로 원하는 것을 얻지 못한다면
남에게 해를 끼치는 행동을 해서라도 주목받으려 할 것이다.
만약 아이가 눈에 띄게 착하지 않다면
그만큼 눈에 띄게 나쁠 것이다. ❞

이상으로 교사와 친밀한 관계를 맺기를 원할 것이다. 따라서 교사와 개인적인 접촉을 갖기 위해 짓궂은 장난을 치게 된다. 의식적으로 보면 엄마나 교사에게 버릇없이 굴어 매를 맞음으로써 관심을 끄는 것이 바보같이 보이지만, 그렇게 하도록 무의식에서 명령하기 때문에 그렇게 행동하는 것이다.

이 시기에 부모의 과제는 아이가 창조적으로 자신을 발달시키는 데 필요한 충분한 지지와 동정과 자유를 어떻게 줄 수 있는가이다. 만약 아이가 일곱 살이 되도록 부모를 한 번도 미워한 적이 없다면, 그 아이는 우리가 여태까지 보아 온 어떤 아이와도 다를 것이다. 부모는 아이들에게 도덕을 가르치며 두려움을 갖게 하고 아이들은 그 두려움을 갖게 하는 사람을 미워하게 된다. 그러기에 어린 시절에는 잔소리꾼 아빠와 엄마가 없어지면 좋겠다고 바라게 된다. 그러나 이런 증오는 아이가 크면서 윤리적으로 받아들일 수 없게 되며, 무의식 속에 축적되어 각종 권위에 대한 부정적인 태도를 갖게 한다.

공격 본능과 협동 본능
또래 집단이 필요한 까닭

힘을 갖고 싶은 본능과 공격 본능은 사회적 협동 본능보다 일찍 생기므로, 자기주장의 연령기에 있는 아이들에게는 공격성과 함께 또래의 누구보다도 두드러져 보이고 싶은 허세가 필연적으로 나타난다. 그러나 이와 같은 심리를 방해받음으로써 과잉 욕구가 생기게 된다. 인정받고 싶어 하는 본능적인 욕구가 만족된다면, 프로이트(Freud)가 말한 것처럼 그 본능은 지속되지 않고 보다 높은 단계로 나아가는 기초가 된다. 만족되지 못한 욕구는 지속된다. 오직 자기표현을 통해서만 본능이 발달하고 성장하며 더 좋은 단계로 나아갈 수 있다. 그러나 부모의 벌이든 종교적 심판이든 아이가 교육받을 때 느끼는 두려움만큼 증오도 쌓이게 된다. 이러한 증오심은 아이가 살아가는 데 하나의 동기가 되며 성장을 더디게 하고 창조력을 파괴시킨다.

심리학자들은 투쟁적이고 공격적인 본능이 인간에게 영원하다고 믿지만, 아이를 올바르게 이해한다면 공격 본능이 어른이 될 때까지 남아 있을 필요가 없음을 알게 된다. 그러나 아이의 공격성을 억압하면 그는 공격적이고 반사회적인 사람이 될 것이 너무나 확실하다. 그는 자라서 범죄행위나 잔인한 행동을 통해 자기가 느낀 고통을 주기 위해 누구에게든 복수할 것이다. 살아있는 생명체에 상처를 입히고 싶어 하는 욕망은 일반적으로 권위에 강한 증오를 가진 아이들에게서 나타난다.

이런 잔인성은 궁극적으로는 성性 문제와 관련이 있다. 상상력의 시기에 성적 호기심 때문에 벌을 받았거나 이유기에 성기를 만지다가 벌을 받았다면 이는 성 문제로 인한 고통의 원인이 된다. 그런 행동을 억압하는 것은 곧 아이의 무의식에서 생명에 대한 관심을 억압하는 동시에 성장에 대한 욕구를 인정하지 않는 것이기 때문이다. 생명에 대한 부정적인 인식을 갖게 되면 이는 다른 생명체를 향한 잔인함으로 나타날 것이다. 다른 사람에 대한 증오는 바로 자기증오의 표현이며, 다른 사람에 대한 잔인성은 바로 본능을 스스로 억압함으로써 자기에게 가하는 잔인성의 표현이기 때문이다. 우리는 무의식에 쌓인 억압을 생각나게 하는 사람들을 미워한다. 이것이 우리가 어떤 특정한 사람들에 대하여 비합리적인 혐오감을 갖게 되는 이유이다.

※ 이와 같은 감정은 지금은 무의식에 묻혀 있는 이전의 공포와 증오가 현재로 옮겨 온 것이다. 사람마다 어릴 때 겪은 공포감을 이런 방법으로 극적으로 표현하기도 하며, 적당히 상징화할 수 있는 사물이나 사람의 파멸을 목표로 삼기도 한다.

잔인성에 대한 문제를 해결한다는 것은 매우 어려운 일이지만 가능한 일이다. 예를 들면 어떤 아이가 누이동생을 귀찮게 하며 즐거워하는 행동을 칭찬할 수는 없다. 그러나 그 아이가 느끼는 진정한 흥미가 어디에 있는지를 알아내서 그 에너지를 흥미를 느끼는 쪽으로 유도해야 한다. 아주 심각한 경우를 제외하고는, 부모나 교사가 아이와 함께 공감하면서 신뢰를 보여 주면 잔인성을 치료해 나갈 수 있다. 자기 신뢰와 자애심, 삶에 대한 신뢰를 되돌려 주어 잔인성의 근본 원인을 없앨 수 있기 때문이다.

한편 억압된 상태에서 육체적인 폭력을 가하는 것도 나쁘지만, 정신적인 억압을 가하는 것도 좋은 방법은 아니다. 넋두리하는 엄마는 때리는 엄마보다 더 억압적이다. 어떠한 방법이라도 생각을 강제로 주입해서는 안 된다. 일곱 살이 된 아이가 수도꼭지를 틀어서 목욕탕에 물을 넘치게 하고 싶은 욕망이 갑자기 생겨났다. 엄마는 이것을 하지 못하게 했지만 그 아이는 엄마가 강제로 중지시킬 때까지 계속해서 같은 행동을 되풀이했다. 엄마는 그 아이를 지켜보면서 수도꼭지에 손을 댈 때마다 아이의 손을 때렸다. 누가 더 오래 버티는지 시합이 벌어진 것이다. 결국은 아이가 이겼지만, 엄마에게 많이 맞아 난폭해진 아이는 엄마를 의자에서 밀어서 발목을 다치게 했다. 그러나 본디 착한 심성을 가진 아이는 엄마가 아파하는 걸 보고 태도가 달라져 매우 고분고분해졌다. 엄마는 아이의 감정 변화를 보고 아이가 말썽을 부릴 때마다 언제나 아프다고 엄살을 피웠다. 그 결과 아이는 매우 신경질적으로 변했고 전문의의 도움을 받아야 할 심각한 상태까지 이르렀다.

다른 사례를 보자. 엄마가 아이들이 좋아하는 쇠고기 푸딩과 그다지 좋아하지 않는 밀크 푸딩을 식탁 위에 나란히 놓고 묻는다. "너희들 쇠고기 기름덩어리 먹을래 아니면 '맛있는' 밀크 푸딩 먹을래?" 그러면 아이들은 열 번에 아홉 번은 밀크 푸딩을 선택한다. 그러나 이것은 아이로 하여금 자유로운 선택을 연습하도록 격려하는 것이 아니라 단지 버릇없는 아이로 만드는 것이다. 열 번 중 한 번은 쇠고기 푸딩을 선택하고 싶을 수도 있겠지만 대부분의 아이들은 어른의 지혜로운 충고에 따르는 것이 좋은 태도라는 배움에 따를 것이다. 똑같은 방법으로 엄마는 말한다. "우리 산책을 할까, 공놀이를 할까? 아니면 내가 '정말 재미있는' 책을 읽어 줄까?" 아이들은 물론 책을 선택한다. 그러나 이것은 자유로운 분위기에서 행하는 교육이 아니다. 오히려 그보다는 매를 사용하는 것이 도덕적으로 더 나을 것이다. 만약 부모가 아이들에게 선택할 수 있는 권리를 준다면, 그 선택은 존중되어야 한다. 어른들이 그 선택에 따를 준비가 되지 않았다면 아이들이 선택하게 해서는 안 된다. 우리는 부모가 이렇게 이야기하는 것을 자주 듣는다. "토미, 지금은 잠을 잘 시간이라고 생각하지 않니?" 토미는 선택이 주어졌으므로 "아니!" 하고 냉큼 대답한다. 그러면 권위가 개입하며 "아니야, 지금은 아이들이 잠자리에 드는 시간이야." 하고 말한다. 결국 토미는 악을 쓰면서 끌려간다. 아직 결정을 할 능력이 없는 아이에게 결정을 강요하는 식으로 자유를 허용하는 것은 잘못된 방법이며, 이것은 권위에 대한 증오심을 키우게 하는 결과를 초래한다.

자기를 주장하는 시기의 특징은 어떤 의미에서는 아주 사회적이다. 이 시기의 아이는 항상 집단에 속해 있기를 원하지만, 이는 단지 자기를 과시하기 위해서이다. 이 아이들에게는 진정한 협동이라는 개념이 없다. 다른 사람에게 양보하는 것은 단지 상대방이 자기 말을 듣게 하기 위해 지불하는 대가일 뿐이다. 아이는 자기주장의 기회를 갖기 위해 규칙을 받아들일 수밖에 없다. 즉 아이는 야구경기에서 수비를 맡지 않으면 공격할 차례가 돌아오지 않기 때문에 수비를 맡는다. 아이는 아직 협동의 진정한 가치와 의미를 깨닫지 못했다. 그렇기 때문에 일곱 살이 된 아이는 사회적인 본능을 발달시키기 위해 함께 놀기 위한 또래 집단을 원한다. 그 집단은 형제자매들로 구성되어서는 안 된다. 형제자매는 항상 '손위' 또는 '손아래' 형제로서 대하기 때문이다. 아이가 자라서 어른들의 세계에서 필요한 사회성을 갖기 위해서는 자기주장의 시기에 경쟁을 통해 사회 감각을 길러야만 한다. 빈민가 아이들은 어른들의 관심에서 완전히 자유로우며 자신만을 믿고 자연스럽게 집단을 조직한다. 빈민가 아이들이 집단을 조직하는 것을 지켜보면, 항상 소집단으로 적게는 3명에서 7, 8명을 넘지 않는다. 이 숫자는 그들이 원하는 가치를 얻기에는 아주 좋다. 이런 집단에서 일곱 살부터 열한 살까지의 시기를 잘 보낸다면 그 아이는 틀림없이 곧 발달하게 될 사회성을 무의식에서 받아들여, 청년기나 성인 생활에 별 어려움 없이 사회적으로 건강한 인격체로 성장할 것이다.

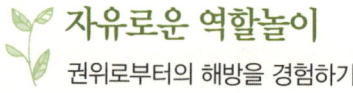

자유로운 역할놀이
권위로부터의 해방을 경험하기

이제 연령에 따른 집단에서의 역할놀이가 각각 어떤 특성을 가지고 있는지 분석해보자. 5살쯤 된 아이들이 소꿉놀이를 할 때 가장 명예로운 역할은 바로 '엄마'다. 엄마는 아픈 가족에게 약을 주고, 잠들기 전에 침대에 와서 이불을 덮어 주며, 끔찍한 체험을 했을 때 위로를 해 주는 존재다. 엄마 역할을 할 때 심각한 문제는 거의 없는 것이나 마찬가지다. 그러나 8살이나 10살쯤 된 아이들 집단에서 '엄마'는 지나치게 제멋대로 구는 아이 때문에 애를 먹는다. 그래서 엄마 역할을 맡은 아이는 엄마의 권위를 지키려고 몽둥이로 때리는 흉내를 낸다. 이 놀이의 주인공은 엄마가 아니라 바로 그 말썽꾸러기이고 제멋대로인 아이다. 똑같은 특성이 학교놀이에서도 나타난다. 8살에서 10살인 아이들이 매우 하고 싶어 하는 역할은 도전적이고 제멋대로인 학생 역할이라서 그 집단에서 대장격인 아이가 맡게 된다. 교사 역할은 좀더 어리거나 그다지 활동적이지 못한 아이들이 마지못해 맡는다.

빈민가에 사는 아이들에게는 경찰놀이가 인기다. 5살 아이들은 난폭한 범인들과 싸우는 전지전능한 경찰이 되려고 한다. 그러나 9살이나 10살이 되면 서로 하려고 하는 역할은 바로 범인이다. 다양한 환경에서 아이들의 놀이를 면밀하게 연구한 결과 권위에 대한 반감의 많은 부분이 놀이를 통해 해소됨을 발견했다. 자유로운 역할놀이와 관련한 청소년 범죄 연구는 청소년 범죄 중 절반이 단지 놀이의 한 형태에 불과하다는 것을 보여 주었다. 미국의 한 도시에서는 공설운동장이 생긴 후 청소년 범죄 건수가 주목할 만큼 줄어들었는데 반해 또 다른 도시에서는 같은 조건 아래에서 범죄 건수가 늘어났다. 이에 대해 조사한 결과 앞선 도시는 운동장을 만들고 나서 부족한 재정으로 인해 운동장의 관리인을 배치하지 못했고 두 번째 도시는 넉넉한 재정상황으로 운동장에 관리인을 배치했다. 앞의 도시에서는 아이들을 감독하는 사람이 없었기 때문에 청소년들의 자율에 의해 무질서가 감소한 반면, 다른 도시에서는 관리인의 감시 때문에 아이들이 자유로운 역할놀이에 마음껏 빠져들 수 없었다. 뿐만 아니라 두 도시의 주택 사정, 산업의 특성, 극장 수,

소년법원 판사와 보호관찰관의 성격을 비교해 원인을 찾아보니 관리인이 없는 운동장에서의 놀이는 그 주요 동기가 바로 권위를 무너뜨리는 것이라는 사실을 발견했다. 경찰관 대 범죄자, 경찰관 대 술 취한 사람, 교사 대 못된 소년 같은 역할 놀이들이 대부분이었다. 범죄자, 술 취한 사람, 못된 소년은 항상 이런 놀이에서 영웅이었으며, 그들은 권위의 대표자들과 싸움에서 항상 대담하고 영웅적인 공을 세운 끝에 승리했다. 공격과 방어가 있는 집단놀이에서는 보통 수적으로 열세인 쪽이 반대편을 무찔렀다. 아이들의 자유로운 역할놀이에서는 권위자가 아닌 산적, 해적, 범인, 강도가 이기는 것이 일반적이기 때문이다.*

* 흔히 영화 때문에 청소년 범죄가 늘어난다고 비난한다. 사회문제가 되었던 '검은 손 일당'(The Black Hand Gang)은 조직적으로 강도, 절도 및 사기행각을 벌이는 청소년 집단이다. 그러나 나는 아이들로 하여금 범죄행동을 하도록 자극하는 영화를 본 적이 없다. 범죄를 저지르도록 소년을 몰아가는 것은 영화가 아니라 사회다. 번잡한 사회구조와 아이들이 제대로 놀 수 없는 환경은 아이들을 '경찰 놀이' 대신에 진짜 경찰관에게 저항하는 실제 행동을 하게 한다. 이것이 '검은 손 일당'의 진정한 원인이다.

아이들은 그렇게 잠시 동안이라도 어른의 권위에서 완전히 자유로워야 하며, 자기들의 집단과 함께 거칠게 노는 것이 허용되어야 한다. 미국에서는 이런 집단놀이의 중요성을 인식하고 '사회적 훈련'을 통해 아이의 능력을 발휘케 할 목적으로 많은 야외놀이가 진행되고 있다. 이 시기의 아이들에게 진정한 창조적 생활은 바로 친구들과 함께 지내는 생활이기 때문이다. 아이가 인정하고 허용할 수 있는 최고의 권위는 자신의 몫이나 차례를 위해 의존하고 있는 또래 집단의 권위이다. 어른은 집단에 방해가 되는 존재일 뿐이다. 만약 아이가 다른 아이들과 어울려 권위를 딛고 일어서는 자유로운 놀이를 할 기회를 갖지 못한다면, 집단놀이를 통해서 극복해야 할 자기주장의 경향은 계속해서 남아 있게 될 것이고, 그 아이는 누구와도 잘 어울릴 수 없는 불행한 아이로 따돌림을 받게 될 가능성이 높다.

사립학교에서는 대부분 놀이 시간과 놀이 활동이 지나치게 잘 조직되어 있다. 10살 또는 11살 이하의 아이들은 자신의 활동을 계획할 많은 자유를 가져야만 한다. 조직된 놀이는 다음 발달 단계에 속하는 것이다. 만약 학교가 놀이나 책으로 의식화시키지 않고 아이들 스스로 행동하며 분별할 수 있는 절대적인 자유를 허용한다면, 아이들은 자기 자신과과 주변 사람들을 사랑하는 어른으로 자랄 것이다. 이런 기초가 스스로를 과시하는 집단놀이에서 자유를 통해 잘 길러지지 않으면, 과시하는 버릇은 어른이 되어서도 계속 남게 되고 허풍과 위세로 발전할 것이다. 이것은 정말 중요하다. 보모나 가정교사를 고용하여 아이들에게 필요한 만큼의 자유를 누리지 못하게 하는 부모들은 이 점에 주의해야 한다. 만약 아이가 또래친구들과 자유롭게 놀면서 자기를 과시할 기회를 충분히 갖는다면, 가정생활이나 부모와의 관계에서 허풍이나 위세를 부리기 위해 거짓말을 하거나 나쁜 일을 저지르지 않게 될 것이다.

어떤 아이라도 다른 아이가 명령하는 대로 따르기를 싫어하기 때문에 집단놀이를 할 때는 항상 싸움이 일어난다. 아무도 일부러 의도하지는 않지만, 모두 자신의 권위를 주장하고 싶어 한다. 물론 그 싸움이 모든 구성원에 대한 싸움으로 번지지는 않는다. 빈민가의 아이들은 개별 놀이가 재미없다는 것을 안다. 그래서 놀이는 집단을 이루어 공격하고 방어하는 놀이, 즉 조직된 싸움의 형태를 취한다. 만약 어른이 싸우는 아이들 사이에 성급하게 끼어들어 화해를 시키거나 다른 놀이를 하도록 놀이를 중지시키지 않는다면, 이러한 경향은 사회적 협동을 위한 가장 높은 능력으로 발달할 수 있을 것이다. 놀이가 시작되면 싸움은 계속해서 생기지만, 그래도 옆에서 보면 이 집단은 행복해 보인다. 조금만 주의 깊게 살펴보면, 어른들이 그들을 말썽꾸러기로 낙인찍었기 때문에 그들의 행동이 문제 행동으로 보일 뿐이라는 사실을 발견할 수 있다.(아이들의 싸움이나 다툼은 어른들의 싸움과 심리학적으로 완전히 다를 수 있다는 말이다.)

그러므로 자기주장의 시기는 의존과 독립, 엄마 곁에 있고 싶은 마음과 모험을 하고 싶은 마음 사이에서 갈등하는 시기이다. 갈등이 지속되면 아이는 반사회적인 사람으로 자랄 것이다. 이 단계는 사회의식이 시작되는 단계로 자기가 사회적인 행동이라고 생각하는 이상을 권위에 복종하지 않는 행동을 통해 표현한다. 권위에 복종하지 않는 것은 또래 집단에게 협력하는 그 아이만의 방식이며 훈련이다. 그렇게 하기 위해 아이는 영웅주의를 택하며, 아버지나 선생님의 자리에 앉는 것을 자랑스러워한다. 우리는 여기서 아이가 부모의 권위로부터 자유롭고자 하는 무의식적인 노력을 볼 수 있다. 그러나 이것이 억압되었을 때는 이전 시기처럼 엄마에게 의존하는 퇴행 현상을 겪기도 한다.

만약 그 시기를 성공적으로 지나온다면 권위와 행복한 관계를 유지할 수 있다. 의식적이면서 스스로 결정할 수 있는 자아를 진정으로 가질 수 있기 때문이다. 하지만 아쉽게도 그렇지 못하다면, 항상 남들이 자기에 대해 어떻게 생각하는가에만 매달리는 삐뚤어진 자의식을 가지게 될 것이다. 그렇게 될 경우 그는 평생 외부 의견이나 상상 속의 비난을 의식하게 된다. 그러한 '권위' 때문에 그 아이는 장차 어떤 일에 진정으로 몰입하거나 타인에 대한 신뢰를 갖지 못하는 사람이 되고 만다.

그렇게 될 경우 일생을 통해서 그의 '진정한' 적은 외부의 적이 아니라 내부의 적이 될 것이다. 그것은 무의식의 한 면이거나 아니면 스스로 받아들이는 쪽과 이에 저항하려는 쪽, 즉 권위주의적 태도 사이의 갈등이다. 외부의 힘과 사람들은 그 자신이 받아들이거나 증오하는 권위를 상징할 것이고, 그가 당면하는 갈등의 원인으로 보일 것이다. 그러나 진정한 갈등은 다른 사람과의 사이에 존재하는 것이 아니라 자기 안에 존재한다. 외부 세계는 내적인 상태를 상징하고 이에 상응하는 비합리적인 감정을 불러일으킬 뿐이다. 스스로 무의식적인 갈등으로부터 자유로울 때 비로소 이런 주관주의와 비합리성에서 자유로워지며 또한 진정한 외부 세계와 접촉할 수 있게 된다.

충성심의 시기

청소년기
사회적 본능이 깨어나는 시기

아이가 성장한다는 것은 이전 단계를 극복해 가면서 보다 새롭고 어려운 책임을 수행해 나가는 것이다. 자라나는 아이는 각 시기마다 다시 태어나지 않으면 온전하게 정신이 발달할 수 없다.

아이는 세상에 태어나기 전에 엄마 뱃속에서 완전한 보호 속에 있었다. 그 환경은 어떠한 변화도 없이 완벽하게 따뜻한 상태로, 온몸으로 쾌감을 충분히 누릴 수 있어 외부 환경에 적응할 필요가 전혀 없었다. 그러다 춥고 낯선 세계로 나오게 되면 아이는 새롭게 적응하는 법을 찾아야 한다. 갓난아이가 느끼는 쾌감은 입에만 집중될 뿐이고 엄마와 연결된 끈(탯줄)도 사라졌다.

아이는 지금까지와 다른 새로운 감각을 사용해 새로운 세계에서 살아가야 한다. 보고, 듣고, 근육을 자유롭게 움직일 수 있게 되었고 신기한 외부 자극도 풍부해졌다. 그에 따른 위험 또한 생겨나지만 그 대신 얻는 것도 많아진다. 젖을 떼는 시기는 태어날 때만큼이나 결정적인 변화를 맞는 시기다. 아이의 주요 관심인 엄마의 젖가슴에서 멀어지고 새로운 정신의 세계로 나아가야 하기 때문이다.

아이의 정신력이 새롭게 발달함에 따라 아이는 자유로운 상상의 나래를 펼 수 있게 된다. 거친 세계의 엄격한 현실은 이 작은 인간에게 차츰 부드러워진다. 그리고 나면 아이에게 사회적 본능이 찾아온다. 그는 자기 권리를 억누르고 맞서면서 또래 친구들보다 두드러지기 위해, 또 자기 마음대로 할 자유를 제한하는 가정의 권위에서 독립하기 위해 불복종이라는 방법으로 싸워 나간다. 아직 온전한 자아를 찾지 못했기에 그는 인생이라는 모험에서 영웅이 되기 위해 싸우는 것이다.

이 시기가 지나면 지난 모든 시기의 통합이 시작된다. 정해진 순서대로 나타나는 모든 정신적 신체적 본능들이 의식적인 목적에 따라 조화롭게 결합된다. 이제 이 본능들은 새끼줄처럼 잘 꼬여서 인생의 최종 목적을 위해 신축성 있고 탄력 있게 활용된다. 많은 색깔과 성질을 가진 각각의 본능들이 생기 넘치는 인생이라는 하나의 빛깔로 발산되는 것이다. 그 찬란한 빛은 '충성심의 시기'라고 부르는 청소년기를 통해 사회적 목적, 협동, 자유와 같은 가치를 지닌 온전한 성인으로 성장할 수 있는 바탕이 된다.

11살쯤 되면 '문제아의 시기'가 왔다고 할 수 있는데, 이는 도덕성이 이 시기의 아이들 행동에 그다지 큰 영향을 미치지 못하기 때문이다. 온실의 화초같이 보호받고 자란 아이는 이 시기가 14살 정도가 되어야 찾아오지만 길거리에서 자유분방하게 자란 아이들에게는 11살 이전에도 올 수 있다. 이때부터 가장 어렵고 힘든 시기가 시작된다. 이 시기는 헌신적이면서도 폭풍이 불어닥치는 시기로, 자기주장의 욕망과 함께 영웅이 되고자 하는 욕망이 해체되면서 아이들은 자기가 아닌 다른 영웅을 찾기 시작한다.

14살은 가장 이상적이며 가장 도덕적인 연령이다. 그러나 과거의 충족되지 못한 욕망 때문에 방종과 새로운 이상을 이루기 위한 자기조절 능력 사이에서 큰 갈등을 겪기도 한다. 그 결과 14살 무렵에는 병적이라 할 수 있을 정도의 강렬한 흥미가 나타난다. 11살부터 14살까지는 여러 가지 감정들의 전환기이며, 14살 이후 2, 3년 동안이 청소년기 혹은 사춘기가 된다. 이 시기의 아이들은 반사회적인 행동이나 범죄라고 규정되는 일을 저지를 수 있다.*

이와 같은 전환기를 겪고 있는 아이들이 하는 놀이를 관찰해 보면, 사기보다 더 큰 어떤 것(집단 같은 것)과 하나가 되려고 노력하는 모습을 볼 수 있다. 이제 아이는 공동 목적을 가지고 다른 사람과 협동하는 단

* 범죄아의 치료는 범죄 본능을 재교육하는 것으로 그들에게 외부 환경과 보조를 맞출 수 있는 조건을 마련해 주는 것이다. 극단적인 진단을 받은 아이의 경우 병든 마음의 발단이 되는 어린 시절의 경험을 발견해 치료해야 한다. 사춘기의 신체적 변화는 정신적인 변화가 몸으로 표현되는 것이다. 사실 태어나서부터 청소년이 될 때까지의 모든 행동이 그 이전 단계의 정신적 발달의 표현이다. 올바른 교육은 적당한 때에 그에 맞는 본능을 자유롭게 펼칠 수 있도록 돕는 것이다.

체 경기에 큰 관심을 갖는다. 그러나 이전 단계인 자기주장의 시기에 정상적인 자기표현을 억압당했던 아이는 아직도 과시하고자 하는 욕망이 있다. 자기 팀이 이기도록 돕는 것보다 방해하는 데 더 흥미가 있다면 뭔가 잘못된 것이다. 엄마의 젖가슴에서 시작해서 더 넓은 활동 영역으로 퍼져야 할 에너지가 잘 발산되지 못한 것이다. 그렇기에 근원적인 이기심이 집단의식으로 온전하게 전이되지 못하는 것이다.

11살이 된 아이가 어려서부터 충분히 보살핌을 받고 출생에 대한 호기심도 충족되었다면 그다지 성에 관한 흥미를 갖지 않고 이 시기를 순조롭게 넘어갈 수 있을 것이다. 이 시기 아이들에게 정상적인 성의식은 성에 의식적으로 집중하는 것이 아니라 친구나 동료와 협동하려는 욕구로 전이된다. 이 연령의 아이는 집단을 돕는 일이라면 땅바닥에 쪼그리고 앉아 점수를 기록하는 일도 기꺼이 할 준비가 되어 있다. 이제 어떤 상황에서나 집단은 그의 일부가 되어 버렸기 때문이다. 이 시기에 집단 게임에 관심이 없는 아이들은 아직까지 이전 단계에 머물러 있어, 심리적인 의미에서 아직 청소년이 되지 못한 아이들이다. 그 아이는 집단의 구성원이 되려고 하지 않고 독불장군처럼 자기주장만을 고집한다. 이런 아이들은 성인이 되어서 제대로 된 사회생활을 하기 힘든 유형이다. 그런 아이에게 사회적인 감정은 아직 자기주장이나 상상력의 본능 아래에 깊이 묻혀 있는 상태이기 때문이다.

청소년기는 신체적 욕망을 폭넓은 흥미로 이끌어 내는 유아기를 반복하는 것이기도 하다. 이 두 기간에 작동하는 에너지는 근본적으로 같다. 엄마 젖을 먹는 감각적인 욕구가 청소년기에는 성적인 욕구로 발달한다. 성은 일부 사람만 갖는 특별한 능력이 아니라 말하거나 걷는 것처럼 일정한 시기가 되면 누구나 발달하는데, 그 에너지는 태어나 살아가는 동안 다양한 형태로 계속 진화해 나간다. 올바른 방향으로 자유롭게 발산되는 에너지는 점차 책임, 봉사, 집단의식 같은 정신적 영역으로 전이된다.

시간표가 짜여 있고 벌이나 보상으로 모든 활동에 동기가 부여되는 전통적인 학교에서는 집단 활동을 할 수 있는 기회가 운동이나 단체놀이뿐이며 여기에도 통제가 가해진다. 학교에서의 모든 활동은 교사나 관리자가 지시하는 대로만 진행되기 때문에 집단 활동에 대한 학생들의 반응은 권위에 대한 반발에서 오는 나태함이나 무관심한 태도를 보이기 쉽다. 그러나 학생들에게 학습의 자율성이 보장되고 협동학습이 장려되며, 보상과 성취의 형태뿐만 아니라 과목 선택과 학습 방법을 선택할 권리가 주어진다면 학습도 단체놀이와 같이 흥미를 가지고 더 열심히 참여할 것이다.

모든 아이는 학교에 오기 전에 이미 형성된 정서적인 구조를 가지고 있다. 그래서 이러저러한 학과목과 교사의 인성에 대해 무의식적으로 느끼는 친근감 또는 거부감이 각양각색이기 마련이다. 그렇기에 교사가 해야 할 일은 학생이 교사의 말을 잘 듣게 만드는 것이 아니라, 자연스러운 상태로 되돌리는 일이다. 아이는 지식으로 가득 채워져야 하는 빈 그릇이 아니다. 아이의 무의식 속은 이미 가득 차 있다. 그 안에는 이

전 단계에서 충족되지 못한 잘못된 감정들이 가득할 수도 있다. 체벌과 점수, 유급 등 학교에서 아이에게 가할 수 있는 모든 모욕은 아이에게 더 많은 잘못과 실수를 저지르도록 할 뿐이다. 학교가 해야 할 일은 공부를 통해 놀이 본능, 즉 사회적이고 협동적인 본능을 다시 일깨우는 것과 계속 그 본능에 호기심을 잃지 않도록 돕는 것이다.

하지만 대부분의 교사들은 이를 깨닫지 못하고 아이가 싫어하는 것만 계속 훈련시킨다. '우리가 행복해진다면 우리는 선해질 것이다'라는 격언처럼 아이는 행복할 때에만 도덕적으로 발달할 수 있다. 만약 아이가 공부에 흥미가 있고, 각 과목에서 스스로 의미를 찾아낸다면 아마도 그것을 끝까지 해낼 것이다. 그러나 교사들은 과목 자체에서 오는 흥미가 아니라 매를 들어 흥미를 갖도록 몰아가기에 아이는 오직 자기보호 본능으로 학습에 임할 뿐이다. 이러저러한 공포에 질리면 아이는 교사에게 벌을 받지 않기 위해 그에 맞는 기술을 터득하게 되고 정직하지 못한 공부를 하게 된다. 그러한 학습 시간은 공포의 과정이면서 동시에 부도덕한 과정이다.

그러한 교육은 복종하는 습관을 들이는 데 집중되어 있다. "내가 왜 이걸 해야 하나요?" 하고 묻는 아이를 두고 부모들은 이 아이가 장차 문제아가 되지 않을까 걱정하거나 벌을 줘서 억지로라도 말을 듣게 해야 한다고 생각한다. 그러나 교실은 아이가 의심이 드는 것을 물을 수 있고 지식을 캐내는 장소가 되어야 한다. 그럴 때 비로소 어른들은 아이들의 마음을 이해할 수 있게 된다. 교사와 아이의 관계가 민주적이어서, 아이가 방어적인 태도를 갖지 않고 어떤 질문이라도 자유롭게 할 수 있어야 한다. 아이의 성장에 복종하는 습관만큼 나쁜 것은 없기 때문이다.

단순히 복종하기만 하는 아이는 오히려 발달단계에서 뒷걸음치는 것과 같다. 복종은 아이의 세계를 품고 있는 우주의 완성을 돕는 것이 아니라 포르말린으로 개구리 표본을 만드는 것과 같다. 기계적이고 판에 박힌 것 같은 아이를 만든다는 말이다. 아이를 공포에서 해방시켜 주어야 한다. 아이들이 학교를 싫어하는 이유는 지금 또는 예전에 공포를 느꼈기 때문이다. 올바른 교육은 아이들의 정신 건강을 회복시키는 것이라는 사실을 잊어서는 안 된다. 교사가 할 일은 보다 적게 말하고 아이의 무의식적인 발달 과정을 이해하려고 노력하는 것이다.

이 시기에는 협동이 어떤 것인지 이해하고, 단체경기나 단체작업에 필요한 자기 통제력을 길러야 한다. 여기서 요구되는 자기 통제의 의미는 규율 지키기에만 한정된 것이 아니다. 그렇게 되면 자칫 지나친 자기주장이나 규칙 위반자를 발견하는 쪽으로만 그 힘이 전환될 우려가 있다. 책임은 금지가 아니라 창조적인 경험이 되어야 한다. 학급회의는 치안을 관리하는 재판정이 아니라 집행부가 되어야 하며, 긍정적인 선택을 할 수 있는 기회가 되어야 한다. 만약 역사 공부가 필요하다면, 학습에 대한 책임을 아이에게 가르치고 구체적인 시간배당을 결정하게 하고 그것을 끝까지 책임지도록 해야 한다. 이러한 자기 통제는 성격과 인성 발달에 필수적이다. 그러나 위와 같이 자연스럽게 훈련하는 게 아니라, 경쟁에서 얻는 성취감이나 교사의 인정으로만 자극이 주어진다면 정신의 조화로운 발달은 기대하기 힘들 것이다. 만약 집단 활동을 통해 자기 통제력을 키울 기회를 주지 않는다면 정신 발달의 많은 부분이 정체된 상태 그대로 남게 될 것이다.

집단의식과 권위
군중으로서의 아이들

"아이에게 자유를 주어야 한다"는 주장은 새로운 교육이 강조하는 바이지만, 동시에 자유를 제한하는 모순을 안고 있다. 부모로서 나는 내 아이들이 자기 자신을 올바르게 알기를 바라므로, 자기 발달을 아이 스스로 주도해 나가길 기대한다. 자유를 인정하는 특정 학교에서 비교적 많은 자유를 허용한다 하더라도 모든 아이를 만족시킬 수는 없다.

얼마 전 복잡한 교육제도 아래에서 우수한 성적으로 훈련 받은 교사가 집단으로 과제를 수행하는 프로젝트 학습을 진행했다. 수업을 위해 많은 준비를 했고 새로운 기자재도 구입했다. 그런데 기자재 공급이 며칠 미뤄지자 교사는 어떻게 해야 할지 몰라 당황했다. 기자재 없이 어떻게 아이들을 다룰 수 있을까? 그러나 아이들이 즐겁게 수업에 참여했기 때문에 기자재가 없어도 별 문제가 없다고 그 교사는 며칠 뒤 열의에 가득 찬 얼굴로 내게 보고했다. 수업 진행에도 문제가 없었고, 계획했던 활동이 취소되지도 않았다. 얼마 후 기자재가 도착하여 원래 계획대로 수업을 할 수 있게 되었다. 기자재를 활용한 첫 번째 수업이 끝나고 녹초가 된 교사는 아이들에게 뭔가 확실히 설명할 수 없는 새로운 갈등과 혼란이 생겼다고 걱정했다. 두 번째 시간도 마찬가지였으며 세 번째 수업시간에는 안타깝게도 교사는 아이들이 지적으로 문제가 있는 집단이라고 말했다. 이처럼 교육현장에서조차 제도가 아니라 아이들이 비정상적이라고 늘 지적한다.

문제의 요점은 바로 '자유는 주어질 수 없다'는 것이다. 자유는 아이가 스스로 누리는 것이며, 누군가 일방적으로 주거나 가르쳐 줄 수 있는 것이 아니기 때문에 어떠한 제도 속에서도 구체화될 수 없다. 그렇기에 권위적인 벌이 있는 곳에는 자유가 존재할 수 없다.

18세까지의 아이들은 의존적인 관계를 원한다. 때문에 조언을 구할 수 있는 부모 이외의 사람이 필요하다. 물론 이 관계는 아이가 자라면서 무의식 속에서 형성된 친부모와의 관계에 따라 다양한 성격과 한계가 있을 수 있다. 아이의 비논리적인 무의식 안에서 교사는 부모의 대역이 된다.

이 '부모 대역'이란 말은 학생이 교사에게 갖는 무의식적 관계의 영역을 두루 망라하고 있는데, 그것은 일반적으로 상상하는 것보다 훨씬 더 넓다. 모든 아이는 부모에게 보이는 자신의 습관적인 태도를 교사에게 비치기도 한다. 결국 한 학급의 교사는 학급을 구성하고 있는 아이들의 수만큼이나 서로 다른 부모처럼 행동해야만 한다. 왜냐하면 모든 아이는 교사와 각기 다른 관계를 맺고 있기 때문이다. 그러나 그것은 불가능한 일이다. 한 아이와 마음을 나눌 수 있는 감정적인 관계를 맺을 수 있다 하더라도 모든 아이들과 이런 관계를 맺을 수는 없다. 따라서 학급을 경영하는 유일한 방법은 군중심리를 이용하는 것이다. 그러나 교사가 이런 식으로 학급을 통솔할 수 있다 해도, 일방적인 명령만 내리는 위압적인 태도를 보인다면 교사 자신과 그가 담당하는 과목에 대한 혐오감을 키울 뿐이다.

아이들은 공통된 감정을 가진 하나의 군중이다. (아이들 집단 내부에서 통용되는 유일한 동질감은 논리적인 이성이 아닌 감정을 통한 무의식적 동질감이다.) 이 감정은 개인적인 체험에 근거를 두고 있는데, 권위적인 부모 밑에서 성장한 아이들은 대부분 교사를 싫어한다. 모든 아이들에겐 권위에 대한 약간의 저항이 있는데, 그 저항이 심할 때는 권위에 의지해 지식을 부여하려는 모든 시도를 거부하게 된다. 바로 이런 학교의 제도주의는 아이가 학습을 싫어하게 만든다. 교사가 군중의 일원이 되기 위해서는 권위적인 행동이나 언행을 바꿔야만 한다. 그래야 아이들의 집단적인 거부감을 해결할 수 있다. 그러기 전에는 규율과 학습, 교사의 지도를 싫어하는 아이들과 갈등을 빚을 수밖에 없다. 아이들이 교사에게 보이는 반응을 결정하는 열쇠는 교사의 무의식적인 감정적 태도에 달려 있다. 자신을 교사의 지위로부터 끌어내리는 척 가장하는 것은 아무 소용이 없다. 그러나 무의식적인 공감 속에서 교사의 위치에서 내려와 집단 속에 평등하게 섞인다면, 아이들의 태도는 매우 호의적으로 바뀔 것이다. 교사가 그렇게 했을 때 아이들은 지성에 대한 의식적인 통제를 풀고 한결 따뜻해진 감성적인 공감 속에서 교과목을 배울 수 있으며 학급의 모든 일이 잘 풀리도록 애쓸 것이다.

권위에 대한 아이들의 근본적인 태도가 바뀌기 전까지는, 자유를 위협하는 교사와 교사가 운영하는 수업시간에 무조건 반감을 갖게 된다. 아이들 개인이 각자 교실 안에서 갖는 감정은 집단 밖에 있는 교사에게서 오는 것이 아니라 집단 전체의 정서에서 비롯된다. 따라서 교사가 집단 안에 존재하기 전까지는 집단의 리더가 될 수 없다.* 시간표와 교육과정, 교칙 같은 제도로 학생들을 통제할 수는 있겠지만 아이들의 변화는 실제적인 창조가 일어나는 아이들의 집단의식을 통해서 이루어진다. 이것이야말로 충성심의 시기에 나타나는 참된 가치이다.

---

* 경찰은 교사보다 심리학적인 면에서 더욱 과학적으로 훈련된다. 왜냐하면 경찰은 소동을 부리는 군중을 다루고 통제해야 하기 때문이다. 경찰은 거리에서 사고가 났을 때 권위의 경찰봉을 흔들면서 질서를 요구하고 달려가서는 안 된다는 것을 안다. 그는 우선 조용히 군중 속으로 들어가서 그들 중의 한 사람을 보고 점차 군중의 감정 상태를 이해하고 난 후 그 집단의 지도자가 되어야 통제할 수 있다. 이것은 매우 섬세한 과정이다. 어떤 경찰은 위험한 상태에서도 상처 하나 입지 않는데, 또 다른 경찰은 항상 두들겨 맞는다. 이것은 심리학적인 지각을 어떻게 활용하느냐에 달려 있다. 교사에게도 똑같은 자질이 요구된다. 이것은 지식의 문제가 아니라 집단에 대한 태도의 문제이다. 집단의 일원이 되기 위해 그 집단과 공감할 수 없는 사람은 결코 유능한 교사가 될 수 없다.

아이들은 어떻게 성장하는가

범죄와 유아기의 상관 관계
인간의 본성과 자유

나는 내 생애의 많은 시간을 범죄자들과 함께 보냈다.(다음에 나오는 자전적인 구절은 미국에서의 레인의 생활을 말해 준다._편집자 주) 감옥에 갇혀 있는 성인 범죄자들을 처음 만났을 때 그들에게서 더 나은 모습을 그려 볼 수가 없었다. 비록 선한 경우가 있다 하더라도 인간의 본성은 악하다는 것을 인정해야만 했다. 나는 죄를 짓는 것이 근원적인 천성이라 여기고 개인의 정신세계를 발달시키기 위해서는 외부의 영향이 필요하다는 신념을 받아들였다. 그런데 초범자인 청소년들과 만나면서 인간의 본성은 그리 악하지만은 않다는 희망을 새롭게 가질 수 있었다. 용기

> 범죄는 독재에 대항해 싸우고 있는 인간 영혼의 표현이며,
>
> 좌절은 삶에서 패배한 인간의 혼이다.
>
> 하나는 미치도록 격렬한 에너지이며,
>
> 다른 하나는 방해받아 꺾여 버린 에너지다.

를 얻은 나는 범죄를 저지른 아이들과 살아 보기로 했다. 그러면서 인간의 본성 안에는 환경에 의해 삐뚤어진 행동을 바로잡으려는 본능이 있다는 사실을 발견했다.

하지만 이런 새로운 사실을 발견하게 되자 무척 당황스럽기도 했다. 인간의 본성이 옳은 것을 지향한다면, 환경으로 인해 어쩔 수 없이 저지른 사고는 오히려 선이 악으로 왜곡된 것이 아닐까? 범죄를 저지른 아이들과 오래 살면 살수록, 아이들의 비행에 감춰진 불가사의함은 점점 더 커졌다. 나는 평범한 아이들과 같이 청소년 범죄자에게도 애타심과 비슷한 감정이 있음을 발견했다. 그들의 자연스럽고 자발적인 성향은 진실하고 긍정적인 덕으로부터 나온다. 나는 청소년 법정에서 일하면서 그 점에 더욱 확고한 신념을 갖게 되었다. 그 후에도 비행 청소년들과 함께 살면서 그들이 노는 것을 지켜보고, 소년원 안의 학교에서 그들을 가르쳤다. 나는 아이들이 운동장에서 놀 때와 교실에서 수업할 때 태도가 달라진다는 것을 발견했다. 운동장에서는 용감하고 겁도 없고 영리할 뿐 아니라 개성이 넘치는 아이들이 교실에서는 전혀 그렇지 않았다.

그래서 나는 유아기로 되돌아가서 아이의 자발성에 대한 연구를 계속했다.(레인은 한동안 미국에 있는 어린이 병동에서 젖먹이의 젖떼기 및 유아의 행동에 관한 연구를 했다._편집자 주) 나는 유아기에서 나중에 범죄를 저지르게 되는 동기와 인생에서 흔히 겪게 되는 실패의 비밀을 풀어 줄 단서를 발견했다. 바로 유아 때부터 자신에 대한 자유가 인정되지 않았다는 점이다. 아이가 최초로 느끼는 의식은 유아기부터 방해를 받음으로써 왜곡되기 시작한다. 갓난아기의 작은 시도를 도와주거나 하지 못하게 하면 아이의 정신적인 성장이 방해를 받는다는 사실을 알게 되었다.

그전까지 나는 범죄 예방 교육이 아이들이 소년원까지 오지 않도록 하는 오직 유일한 수단이라고 배웠다. 소년원으로 돌아와 유아기에서 청소년까지의 시기를 다시 연구하면서 비로소 의문이 풀렸다. 범죄는 독재에 대항하여 싸우고 있는 인간 영혼의 표현이며, 좌절은 삶에서 패배한 인간의 혼이다. 하나는 미치도록 격렬한 에너지이며, 다른 하나는 방해받아 꺾여 버린 에너지다. 우리가 아이들의 행동에 대해 이해할 수 있다면 대자연의 위대한 의도 또한 알 수 있을 것이라 믿는다.

예의와 열등감
아이들의 창조성을 가로막는 열등의식

아이에게 어른의 뜻을 계속해서 강요하면 커서도 좀처럼 벗어나기 어려운 습성이 형성된다. 우리 주변의 거의 모든 사람들은 열등의식 때문에 무의식적으로 고통을 당하고 있다. 우리는 우리 자신과 자신의 능력을 너무나도 믿지 못하기 때문에 공허함을 채워 줄 어떤 일에 매달리게 된다. 이런 생각은 공포심에 기초를 두고 있으며, 그것은 창조적인 삶을 가로막는다. 우리가 다른 사람들한테서 여러 결점을 찾는 이유는 타인의 장점을 과소평가하여 자신의 우월감을 유지하려는 것이다. 이러한 습성은 다른 사람들을 궁지에 몰아넣는다. 그 어떤 사람도 궁지에 몰려서는 창조적인 일을 할 수 없다. 많은 사람들은 자신의 결점을 감추기 위해 다른 사람들의 결점을 찾아내기에 바쁘다. 동시에 자신의 창조성을 표현할 에너지를 낭비한다.

이런 열등의식은 어린아이 때부터 서서히 발달하는 것이다. 아기가 손을 입에 넣고 싶어 하는 것은 소유하고자 하는 본능이다. 하지만 그렇게 손을 입에 가져가는 행동에 열중하게 되는 배경에는 창조적 충동이 숨어 있다. 이렇게 소유 본능이 창조성으로 바뀌는 것은 모든 사람들에게 공통으로 나타나는 장점이다. 사람은 누구나 계속해서 무언가를 만들어 내고 있다. 창조력은 인간 진화의 배경이면서 무언가를 완성하려는 힘을 말한다. 깊숙이 잠겨 있긴 하지만 우리 모두는 자기 자신뿐 아니라 우주를 보다 온전하게 만들고자 하는 강한 소망을 갖고 있다. 이러한 힘은 애정의 형태로 표현된다. 사람은 누구나 근본적으로 모든 인류와 우주를 사랑하고 있다. 사랑하지 않고는 안 되는 존재이다. 만약 증오심을 나타낸다면, 그것은 사춘기 소년의 짓궂은 장난처럼 사랑을 반대로 표현하고 있는 것이다.

어린아이에게서 이러한 창조적 충동은 자기사랑으로 표현된다. 아이는 다른 사람을 사랑하기 이전에 자신을 먼저 충분히 사랑해야 한다. 아이의 가장 원초적인 사랑은 엄마에게 의존하는 것에서 시작된다. 아기는 엄마를 완전히 차지하여 엄마는 아기의 것이 된다. 이 원시적인 사랑에서 이타주의는 전혀 찾아볼 수 없다. 순수하게 이기적인 사랑이다. 갓난아이가 어느 정도 신체적 자애를 충족하게 되면 더 성장하기 위해 엄마에게 이전보다 더 많은 애정을 요구하게 된다. 아기는 엄마의 애정을 더 얻기 위해 웃음이란 능력을 발휘한다. 아기의 웃음은 외부로부터 의식적인 자극을 받은 것이 아니기 때문에 순수하고 자연스럽다. 아기의 웃음은 유쾌한 감정표시의 형태로 자연스럽게 발전하지만, 이 웃음은 아직 사회적인 행동이 아닌 완전히 자기 본위적인 행동이다.

한편 아기 덕분에 인간이 느낄 수 있는 가장 황홀한 기쁨을 경험하고 있는 엄마는 이 기쁨을 다른 사람들과도 함께 나누고 싶어 한다. 손님이 오면 엄마는 억지로라도 아기를 웃게 하려고 애쓴다. 턱 밑을 간지럽히거나 뺨을 찌르거나 토닥여서 아기가 웃도록 만든다. 이런 엄마의 행동에 반응하여 아기들이 웃어 주면 손님들은 그에 대한 답으로 아이에게 입을 맞추거나 귀여워한다. 엄마는 아이가 자랄수록 친지들에게 웃어 주고 입을 맞춰야 할 의무가 있는 것처럼 자꾸 그렇게 하기를 원한다. 이런 과정을 통해 아기는 예의를 배우게 된다. 예의범절은 두 가지 형태의 정신역학, 즉 애정 아니면 열등의식을 표현하고 있다. 어떤 행위가 순수한 애정의 표시라면 할머니에 대한 사랑을 더욱 더 깊게 할 것이다. 그러나 그것이 의무감의 표시이고 도덕에 기초한 것이라면 일종의 연기가 된다. 그렇기에 아이에게 서투른 예의범절을 가르치는 일은 강한 열등의식을 심어 주는 가장 확실한 방법이다.

아이는 예의범절을 가르치는 엄마의 명령에 따르지 않았을 때 보이는 엄마의 태도에서 자기가 자발적으로 한 일과 명령받은 일 사이에 차이가 있음을 알게 된다. 그래서 아이는 충동을 억제하기 위해 내면에서 스스로 벌을 주는 심리, 즉 도의심을 형성하기 시작한다. 도의심은 우리가 교육이란 방법으로 아이들을 본능적인 충동으로부터 분리시킨 정신의 한 부분이다. 이에 비해 우리가 여러 가지 방법으로 아이들에게 심어 준 열등의식은 개인의 인간성에 대한 고통의 근원이 된다. 어른의 뜻과 이상을 아이에게 강요하고 있기 때문에 아이의 열등의식은 더욱 커진다. 우리는 아이들 속에 있는 소유하고 싶은 심리에서 비롯되는 방어적인 사랑을 견고하게 만들어서, 보다 차원이 높은 사랑을 하지 못하도록 억제하고 있는 것이다.

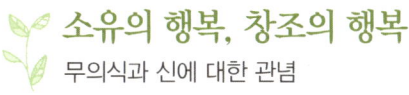

소유의 행복, 창조의 행복
무의식과 신에 대한 관념

개와 토끼가 온 힘을 다해 들판을 달리고 있다. 언뜻 보기에 그들은 똑같은 일을 하고 있는 것처럼 보인다. 그러나 둘 사이에는 커다란 차이가 있다. 달리는 동기가 서로 다른 것이다. 한 쪽은 행복하고 다른 한 쪽은 불행하다. 개는 성취할 수 있다는 희망을 갖고 달리기에 행복하며,

토끼는 겁에 질려 있기 때문에 불행하다. 그러나 몇 분 후 상황은 역전된다. 토끼는 자기 굴에 들어가 한숨 돌리고 있는 사이에 개는 굴 밖에서 숨을 헐떡이고 있다. 토끼는 이제 안전한 장소에 도착했으므로 더 이상 두렵지 않고 행복하다. 그러나 개는 자기의 희망이 실현되지 않았기 때문에 행복하지 못하다.

여기서 우리는 두 가지의 행복이 있음을 알 수 있다. 하나는 위험을 피함으로써 얻을 수 있는 행복이며, 다른 하나는 희망을 충족시킴으로써 얻는 행복이다. 두 번째 행복이 진정한 행복이다. 이같이 우리 모두는 서로 반대되는 두 가지 쾌락 체계를 가지고 있는데, 대부분의 신경병은 이 체계의 대립이 근원이 된다.

이야기를 바꿔 보자. 두 동물이 달리고 있는 동안, 윤리학자나 학교장이 와서 "이것은 옳지 못해!" 소리치며 몽둥이를 휘두른다면 개는 달리기를 멈추는 반면 토끼는 더욱 속력을 낼 것이다. 개에게는 제동을 걸고 토끼는 속력을 높이도록 한 셈이다. 다시 말해서, 희망에 근거해 행복을 누릴 수 있는 능력은 줄이고 공포에 근거해 행복을 누릴 수 있는 능력을 증가시킨 것이다. 교육의 과제는 아이 안의 '토끼' 감정을 피하고 '개' 감정을 자유롭게 발달시키는 일이다. 우리는 공포에 근거한 교육을 펼쳐서는 안 된다.

두 종류의 행복에서 하나는 창조하는 행복이고 다른 하나는 소유하는 행복이다. 창조적인 면은 인간의 행복에 반드시 필요하다. 행복은 소유에 의해 얻을 수 없다. 행복은 뭔가 추구하는 노력에 근거하고 있기 때문이다. 소유에 근거한 행복은 진정한 행복을 누릴 수 있게 하는 것이 아니라, 능력을 매우 협소하게 제한할 뿐이다.

아이가 벌에 대한 공포를 통해 여러 가지 정신적인 능력을 갖게 되었다면 그 공포 안에서 아이는 결코 행복할 수 없다. 공포가 즐거움을 고통으로 바꾸어 놓기 때문이다. 가장 커다란 공포는 죽음에 대한 공포이다. 이 점에서 사람들은 두 종류로 나뉜다. 한쪽은 죽는 것을 두려워하는 사람들(토끼)이고, 다른 한쪽은 살기를 원하는 사람들(개)이다. 두 부류의 사람들이 보이는 행동은 정반대일 것이다. 전자는 안전을 얻는 데서 만족하지만, 후자는 이에 만족하지 않고 창조하는 행복을 희망할 것이다. 이 점은 구약성경과 신약성경이 보이는 차이점과 통한다. 신약성경이 사랑과 자유의 복음을 설교하고 항상 더 높은 것을 성취하도록 권하는 데 비해, 구약성경은 항상 금지하며 벌로써 위협한다.* 만약 아이가 신을 항상 벌을 내리는 존재로 생각하고 자기가 말썽꾸러기라는 말을 자주 듣게 된다면, 그 아이의 창조적인 충동은 얼어붙게 되어 안전을 위해서만 활동하게 될 것이다. 지옥이나 벌에 대한 관념은 행복을 파괴하기 마련이다. 대부분 사람들은 자기들이 영원한 벌을 두려워하고 있다는 것을 부인한다. 그러나 무의식적인 마음을 분석

* 공포에는 두 가지 기능이 있는데, 창조적으로 활용될 때는 행복을 가져올 수도 있다. 그것은 죽음에 대한 공포와 살고자 하는 소망을 다른 식으로 대비시키는 것에 불과하다. 이는 혼잡한 도로에서 자전거를 타고 가는 것으로 비유할 수 있다. 차에 치일지도 모른다는 공포심으로 불행할 수도 있지만, 기술적으로 요리조리 피하는 데서 혼잡한 교통난을 즐길 수도 있다. 또 수학을 두려워하는 사람은 결코 수학에 정통할 수 없지만 그것이 창조적인 두려움, 즉 수학을 잘하게 되기를 바라지만 만족할 만큼 잘하지 못하는 데서 오는 두려움이라면 그는 수학을 잘 배울 수 있을 것이다.

하면 항상 그것을 두려워하고 있다는 사실이 나타난다. 그것은 그들의 전체 표현 능력에 영향을 미친다.

　가장 흔히 들 수 있는 사례는 다음과 같다. 어른들의 잘못된 관념 때문에 아이들의 성관념은 거의 항상 죄와 연관된다. 만약 우리가 여기에 죄와 죽음의 관념을 연결시켜 가르쳤다면 아이들은 성 역시 죽음과 연관되는 개념으로 생각하여 불행한 삶을 살게 될 것이다. 아이들은 모든 선함을 불행과 연결시킬 것이며 자신들의 자연스러운 충동과 호기심을 억제하는 것이 신의 뜻이라고 여길 것이다. 이처럼 신에 대한 잘못된 관념 때문에 병적인 불안이 생겨나게 된다. 즉 신으로부터 사랑받지 못할 것이라는 공포 때문에 아무것도 행하지 못하게 된다. 결국 아이는 행복할 수 있는 모든 가능성이 막혀 버린 채, 신이 허락해 줄 것 같은 미래의 확실한 행복만을 기다리며 온갖 정신적, 신체적 병을 안고 살게 된다. 아이는 자기도 모르는 사이에 불행을 즐기며 살게 되는 셈이다. 우리는 사람이 불행을 즐기는 일이 어떻게 가능한가를 알기 위해 인간의 생을 처음부터 되짚어 봐야 한다. 아이가 태어나자마자 시작되는(출생 10분 후부터 시작된다) 실제 훈육에서 주요한 과제 중의 하나는 성장 가능성을 방해하는 것이다. 갓 태어난 아기의 본능적인 욕망이 무의식으로부터 생겨날 때 '스스로 성장하도록 허용된' 아이는 행복을 찾겠지만 어른들의 뜻대로 '양육되는' 아이는 불행하게 성장할 것이다.

　창조성 안에는 위험과 놀라움, 불확실함이 모두 들어 있다. 아이들이 조금 더 큰 후에 즐기는 체육경기와 놀이, 등산, 탐험, 사냥 등에는 그런 요소들이 잠재하고 있다. 모험의 정신은 불확실성 속에서만 발휘될 수 있다. 부모가 아이의 창조적인 본능을 강제로 억누르면 아이는 거기에 대한 보상으로 뻔히 밝혀질 못된 장난을 하는 등 오히려 지나치고 난폭한 방법을 찾을 수도 있다. 어른이 되어서도 무의식적으로 다른 쪽으로 흥미를 돌리는 것을 거부하며, 신경질환이나 범죄의 형태로 표출할 것이다.

행복을 누릴 수 있는 능력은 무의식 속에 있다. 동시에 발달의 모든 가능성 또한 무의식 속에 있다. 그래서 교육은 교정이나 억압이 아니라, 방향을 제시하는 것에 초점이 맞춰져야 한다. 안전을 추구하는 것과 창조하고자 하는 두 가지 능력이 조화되지 않을 때는 어느 한 쪽이 지나치게 발달하게 된다. 자기보존을 확실히 하는 안전의 본능은 지나친 이기심으로 나타나거나, 창조하는 데서 특별한 쾌락을 얻기 위해 위험한 일에 집착하는 현상이 나타난다. 두 번째 유형의 아이는 훌륭한 축구선수가 될 수는 있겠지만, 평범한 사무원이 될 수는 없을 것이다. 진정한 교육은 두 가지 본능이 적절히 발달하도록 도와 두 체계 사이에 조화가 이뤄지도록 하는 것이다.

소유의 행복 또한 행복한 삶을 유지하기 위해 어느 정도는 필요하다. 자연은 행복을 매우 교묘하게 두 영역으로 나누었으나 우리의 왜곡된 관념은 그 둘을 조화시키지 못하고 어느 한쪽만을 발달시키는데, 대개는 소유의 행복이 지나치게 발달하게 된다. 이유기의 아기가 미처 소유하지 못한 애정으로 인해 선택한 대체 쾌락은 성기를 비비거나 손가락을 빠는 일이다. 엄마는 이 행동을 죄나 공포와 연결시켜, 아이의 손을 세게 때리거나 어떤 방법으로든 단단히 붙잡아 그것을 하지 못하게 한다. 그러면서 죄와 신에 대해 이야기해 주는데, 그것은 아이의 마음속에서 성에 대한 관념과 이어지게 된다. 이것은 이후의 삶에서 광범위한 영향을 미치는데, 다양한 억압을 받게 되면서 심하면 성불구에 이르기도 한다. 죄와 성의 결합이 얼마나 강력하고 그 결과가 얼마나 해로운지 가장 잘 아는 사람은 정신분열증 환자와 정신과 의사뿐이다. 성에 대한 첫 관심이 죄와 벌에 관련된다면, 무의식적인 공포도 역시 죄와 벌에 관련될 것이다. 엄마가 아이를 대하는 방식에 따라 아이는 장래에 창조적인 활동을 하며 기뻐하는 사람이 될 수도, 불행하고 병든 사람이 될 수도 있다.

소유와 창조라는 두 가지 유형의 행복 중, 개인이나 인류 전체적으로 볼 때 소유의 행복이 더 근원적이다. 그것은 자기 보존 본능의 일부로서 종족을 이어가려는 자연적인 본능으로 인류 역사상 가장 오래된 본능이다.* 개인의 경우에도 신체적 안정과 안전한 소유에 대한 본능의 측면에서, 자기 보존 본능이 더욱 오래되었다. 왜냐하면, 태어나기 이전에 아이는 자기 욕망이 자동적으로 충족되는 곳에서 완전히 보호받고 있었기 때문이다. 사실상 그는 소유의 면에서는 이미 완전한 행복을 맛보았다. 그러나 출생의 순간 아이는 춥고 두려운 세상으로 밀

* 프로이트 심리학은 쾌락 본능만을 일방적으로 강조하기 때문에 결함이 있다. 자기 보존의 본능, 즉 소유의 행복과 안전에 대한 욕망을 부정함으로써 무의식적인 신에 대한 공포와 안전을 구하는 욕망을 다루기에는 미흡하다. 이러한 여러 가지의 의식들은 노이로제가 있는 성인의 심리 안에서 매우 광범위하게 작용하고 있다.

려나오게 되고, 처음 겪는 상황에 직면해야 한다. 이제 아이는 자기가 원하는 것을 얻기 위해 어떤 방법으로든 행동해야 한다. 태어나서 얼마 동안은 아이의 창조적인 본능에 어른들은 거의 주의를 기울이지 않는다. 보모와 엄마는 아기가 배가 부른지 아닌지만 확인하고, 아이가 창조적인 활동을 연습해야 한다는 사실을 잊어버린다.

이유기에 대체 쾌락을 찾도록 강요받고 나중에는 그것마저 빼앗긴 아이는, 상상의 시기에는 더욱 퇴행하여 태어나기 이전의 안전했던 상태를 원하게 된다. 상상 속에서 태내로 돌아가고 싶어 하는 것과 실제 생활에서 부딪히고 해결해야 할 일을 신에게 막연히 의존하고 미뤄 버리는 것은, 책임에서 도피하려는 측면에서 같다. 이는 매우 비슷해서 비논리적인 무의식 상태에서는 구별하지 못할 정도다. 두 가지는 같은 것을 상징하는 것으로서, 하늘나라는 단지 영적인 자궁에 불과한 것이다. 현실에서 도피할 수 있는 문은 두 개이나, 둘 다 똑같은 장소로 우리를 데리고 간다. 차이가 있다면, 유아기냐 성인기냐 하는 시기의 차이일 것이다.

엄마한테서 신은 말썽꾸러기를 싫어하고, 대체 쾌락을 벌하므로 결국 하늘나라에 갈 수 없다는 이야기를 들으며 자라난 아이는 미래에 대한 불안을 갖게 된다. 재미있는 일이나 맛난 간식이 기다리는 내일에 대해서는 잠시 불안을 떨칠 수 있을지 모르지만, 아무것도 생각할 수 없는 먼 미래에 대해서는 자신이 구원을 받을지 벌을 받을지 모르기에 불안한 것이다. 아이는 하늘나라에 들어가기 위해 어떤 대가를 지불해야 하는 것으로 종교를 이해하게 된다. 물론 아이가 자라면서 스스로 종교에 대해 생각을 정리하게 되면 신에 대한 관념이 크게 변해, 적어도 의식적으로는 근원적인 공포감에서 해방될 수도 있을 것이다. 그러나 무의식적으로는 유아기의 비논리적인 관념들이 그대로 남아 있을 수 있다.

어른이 되어 종교에 대한 인식을 다시 갖게 되면 어릴 적 배워 왔던 개념과는 너무 달라 지금까지도 남아 있는 어렸을 때의 관념을 부정하며 그 의식을 바꾸려고 애쓸 것이다. 그러나 어렸을 때 느끼던 신성함에 대한 관념에서 완전히 분리되었음에도 강렬한 불안감이 계속 남아 있어, 부적절하고 비합리적인 문제에 얽매이게 된다. 모든 신경불안증은 영원한 하늘나라에 대한 공포와 깊게 연관된 불안이 새로운 모습으로 밖으로 나타나는 것이다. 새로운 불행은 모두 이전의 불행과 연결되어 있다. 이런 불안은 일단 한 번 자리 잡으면 영원히 지속되면서 헤어날 수 없이 우리를 비참하게 만든다.

모든 사람의 무의식 안에는 소유하고만 싶은 욕구와 방어적인 기질이 있다. 그러나 이러한 의존적인 관념은 성인이 되어 의식적으로 달갑게 여겨지지 않기에 여러 가지 상징적인 형태로 나타난다. 돈에 집착하거나 사생활을 지나치게 보장받고 싶어 하거나 물질적인 소유로 행복을 찾으려는 등 창조적인 활동보다 여러 가지 소유에 대한 집착으로 나타나게 된다.

지속적으로 쌓여 온 불안의 습관은 바로 눈앞의 미래인 내일에 대해서도 걱정하게 만든다. 그렇기 때문에 많은 사람들이 복잡한 문제와 위험이 내일 닥치지 않을까 불안해하고, 하루를 보내면서 두려워했던 일들이 일어나지 않은 것에 안도감과 행복을 느낀다. 불안이 너무 심해져 무의식적으로도 참기 어려워지면, 자신이 바라던 성공에 대한 환상 속에 빠져 위안을 얻고자 한다. 그러나 그런 상태에서는 아무것도 달성하지 못하기에 결국은 불행을 더 크게 느낄 뿐이다. 이런 불안감을 없애는 유일한 방법은 무의식적인 정서를 재교육하는 것뿐이다. 안타깝게도 교과서적인 심리분석은 인간 불안의 근본 원인인 종교적인 원인을 거의 다루지 않는다. 이런 불안은 우리가 아이의 본능을 과소평가하고, 도덕적 양심을 과대평가하는 한 계속해서 생겨나게 된다.

창조적인 충동은 진정한 행복을 준다. 우리는 아이들에게 인간은 의지와 노력에 의해서만 선해질 수 있고 또 모두가 그렇게 되어야 한다고 가르치면서 아이 의식 속의 창조적인 충동을 막아서는 안 된다. 그렇게 하는 것은 아이들에게 지옥의 고통스러운 삶과 천국에서의 재미없는 삶 중 하나를 선택하게 하는 것이다. 그리고 어린 시절의 이런 선택으로 고통을 받은 사람은 쫓기던 토끼가 자기 굴에 들어가 안도의 한숨을 쉬는 것 이상의 기쁨을 누릴 수 없다. 우리가 알고 있듯이 종교에서 가장 강력한 것은 안전을 보장받으려는 소유의 본능이다. 우리가 진정으로 목표로 삼아야 하는 것은 재미있는 천국과 고통스럽지 않은 지옥을 조화롭게 경험하도록 돕는 것이다.

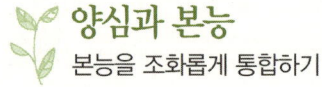
양심과 본능
본능을 조화롭게 통합하기

'정통적인' 심리학자들에 의하면 정도의 차이는 있지만 본능적인 많은 힘들이 서로 분리되어 있다고 한다. 예를 들면 음식, 사회적인 인간관계, 성적 쾌락을 얻고자 하는 욕망이 생겨나게 하는 본능이 각각 따로 있다는 말이다. 그러나 좀더 발전된 이론은 모든 본능적인 욕망은 오직 하나의 요소, 즉 생명이라는 힘의 형태로서 특정한 기간에 분화되고 세분화되는 것에 불과하다고 설명한다. 바로 그 생명력 때문에 아이는 엄마 젖을 빨고, 자신의 근원과 탄생에 대하여 탐구할 뿐만 아니라 청소년기 이후에는 성생활에 대한 욕망을 가지게 된다. 적당한 시기에 이런 본능들을 인정하고 발달하도록 놓아두거나 격려하지 못할 경우에는, 모든 본능이 유아기 수준에 머물게 되고 의식적으로 자유롭게 제어할 수 없게 될 것이다. 이런 일은 특히 성적인 측면에서 더욱 흔하다.

인간의 본성은 천성적으로 선하며, 무의식적인 과정은 결코 부도덕하지 않다. 만약 아이가 각 단계에서 억압을 받지 않고 자신을 표현할 수 있도록 허용된다면 비윤리적인 것을 스스로 제거할 것이며, 청소년기에 이르러 무의식직으로 이타심이 나타나기 시작해 윤리직인 존재로 발달할 것이다. 근본적인 본능을 억압하는 것은 곧 성인의 생활에서도 비윤리적인 것을 지속하도록 만드는 결과가 되기 때문이다. 아이는 자유로우면 자유로울수록 사려 깊고 사회적인 아이가 될 것이며, 진보적이고 어려움을 극복하는 바람직한 사회성을 갖게 될 것이다.

아이에게 양심을 갖게 만들려는 시도는, 성인이 되었을 때 무의식적인 갈등과 노이로제를 일으키는 원인이 된다. 양심이라는 것은 외부에서 강요할 수 없다. 우리는 양심이 아닌 편견만을 강요할 뿐이다. 만약 옳고 그름에 관한 어떠한 관념도 외부로부터 강요받지 않고, 무의식적인 경향을 표현하도록 허용된다면 아이들은 스스로 순수해질 것이다. 아이에게 자유가 주어지거나 주어져 왔다면, 아무도 스스로에게 상처를 입히는 방법으로 자신의 욕구를 표현하지는 않을 것이다.

본능을 조화롭게 통합한 성인은 반항의 근원인 무의식을 극복할 필요도 없고, 정신적인 긴장도 없으며 에너지의 낭비도 없다. 서로 다른 심리학적인 단계에서 분화되고 지배적으로 작용하는 힘들은 '통합'에 의해서 하나로 혼합된다. 그렇게 되면 각 구성 요소들은 필요한 때에 맞춰 적절히 발휘될 수 있다. 조화로운 에너지는 삶에서 여러 가지 문제들이 생겼을 때 그것을 해결하고 이상적인 성인 생활을 영위할 수 있게 도와준다. 본능적 에너지의 어떠한 부분도 하나의 특정 목적에만 묶여 있지 않다. 그 목적이 전문적인 것이건 성적인 것이건, 사회적이거나 오락적인 것이건 간에 마찬가지로 해결해 나가게 된다. 조화롭게 통합된 에너지는 인간의 모든 시도와 모험에 유용하게 쓰인다. 반대로 그렇지 않다면 본능에 대해 늘 세심한 균형을 잡아야만 에너지를 유지할 수 있고 그 사이에 자칫 혼란이라도 겪게 되면 노이로제를 일으켜 파탄에 이르게 된다. 무의식적인 갈등과 저항을 계속 극복해야만 에너지를 통합하는 것이 가능하기 때문에 에너지를 효율적으로 사용할 수 없게 된다. 결국 어른이 되어서도 분화된 여러 본능들은 각각 엉뚱하게 발산되어 버리고 그것을 수습하는 데 급급하여 필요 이상의 에너지를 소비하게 된다.

놀이와 창조성
아이들의 성장단계에 맞는 놀이

부모의 올바르지 못한 양육은 아이의 본능을 억제하여 7세 정도의 아이들로 하여금 여러 가지 역반응을 보이게 한다. 이는 창조적인 흥밋거리에 열중하게 함으로써 치료가 가능하다.

물은 원시적인 놀이 도구여서 아이들이 쉽게 열중할 수 있다. 아득한 원시 시대부터 물은 필수적인 주거 환경의 조건이었으며, 지금도 사람의 몸 안에는 물이 흐르고 있기 때문이다. 물놀이는 아이가 여기저기 물을 튀기며 놀게 하는 것으로는 충분치 않다. 우리는 아이가 물이 다른 흥밋거리와 어떻게 연관될 수 있는지 알게 해 주어야 한다. 그러기 위해 아이 혼자서 움직일 수 있는 조그만 물레방아를 만들어 보는 것은 아주 훌륭한 놀이이자 장난감이 된다. 아이가 물레방아의 바퀴나 부착물을 만드는 일을 돕게 하거나 적어도 자기가 새로운 장난감을 만드는 일을 하고 있다는 생각을 하도록 유도해야 한다. 바퀴나 부착물은 단순하고 자연스러운 것일수록 좋다. 물을 쓸 상황이 아니라면 대신 모래를 쓸 수도 있다. 모래는 물처럼 흘러내리는 성질이 있어 이런 장난감을 만들고 놀기에 안성맞춤이다.

  물을 가지고 노는 또 다른 방법은 흙에 물을 섞어 진흙을 주무르는 일이다. 아이들에게 이 일은 아주 흥미롭다. 진흙이 손가락 사이로 빠져나오게 주무르고, 여러 가지 모양을 만들면서 실컷 놀게 한다. 도자기를 만들 수 있는 자그마한 크기의 물레도 좋은 장난감이 된다. 처음에는 진흙더미를 조물락거리는 것만으로도 아주 재미있어 할 것이다. 실컷 놀고 나서는 컵이나 사발 모양을 만들어 보게 하고, 팽팽한 줄로 그릇을 알맞은 높이로 자르도록 유도한다. 아이들이 직접 만든 그릇은 다음날이 되면 단단히 굳어서 물감으로 예쁘게 색칠도 할 수 있다. 이때 흙 반죽은 아이가 직접 하도록 해야 한다. 진흙을 알맞은 상태로 반죽하려면 물을 얼마나 부어야 할지 스스로 판단하는 일은 매우 소중한 경험이 될 것이다.

  진흙이나 점토는 특히 아이가 배설물에 강한 흥미를 느끼는 시기에 유용하게 활용할 수 있다. 부모가 아이의 흥미를 심하게 억제하거나 올바른 배뇨 습관을 들이기 위해 엄하게 다뤄서 노이로제나 야뇨증이 생긴 경우에는 더 그렇다. 진흙이나 점토는 배설물을 대체하여 충족되지 못한 채 남아 있는 흥미를 맘껏 발산할 기회가 된다. 주변에서 아이가 가지고 놀 만한 흙을 구하기가 어렵다면, 좋은 냄새와 색깔이 있는 공작용 점토를 이용해도 좋다.

　아이가 스스로 물건을 마음대로 조종하고 있다고 느끼도록 하는 장난감은 무엇이라도 좋다. 하지만 성취감을 느끼기 위해 극복해야 할 어려움 또한 있어야 한다. 자기 혼자 힘으로 앞으로 갈 수 있고 방향을 틀 수 있는 세발자전거는 좋은 장난감이다. 아이가 너무 힘들어 하지 않는다면 굴렁쇠도 좋은 놀이기구가 되며, 힘을 조금만 줘도 끌어당길 수 있는 기관차도 좋다. 아이는 여기에 여러 가지 물건을 싣기도 하고 망치질을 할 수도 있다.

　도르래, 실패놀이도 흥미롭다. 굽은 쇠에 붙은 도르래(도르래 안쪽에 못을 박아 둔 제품이 좋다.)를 잡아당기거나 도르래 끈을 직접 잡아당겨 놀게 해도 좋다. 방 천장에서 마루까지 도르래를 서로 연결시켜 놓고 놀아도 재미있다. 메카노 세트(meccano set, 강철로 된 부품을 조립해 기계를 만드는 장난감)는 일곱 살이 안 된 아이에게는 조금 벅차겠지만 그 속에 있는 여러 가지 부품을 가지고 놀 수 있다. 네 살 이상의 아이에게는 작은 전기 모터나 기계 장난감을 줄 수도 있다. 아이는 전기 모터를 이용하여 도르래를 잡아당기고 기계 장난감을 뜯어 맞추며 재미있게 놀 것이다.

　반면에 아이를 밖으로 데리고 나가 너무 오랫동안 걷게 하는 것은 좋지 않다. 아이는 새로운 바깥 풍경을 계속 지켜보는 일밖엔 할 게 없으며 그러면 지나치게 상상력만 발달하기 때문이다. 바깥바람으로 환기를 자주 시켜 준다면, 굳이 외출하지 않아도 건강에는 문제가 없을 것이다. 아직 사리판단이 불분명한 어린아이가 밖에서 뛰어 다니며 노는 시간은 30분이 적당하다. 아이가 뛰어놀 만한 앞마당 같은 공간이 없다면 집 근처에서 가벼운 산책을 하는 것으로 충분하다. 다른 시간에는 앞서 말한 여러 가지 창의적인 놀이를 하는 데 써야 한다. 아이가 창조적인 놀이에 열중하면 내일 해야 할 여러 가지 놀이에 대해 잔뜩 기대를 하고 잠자리에 들게 된다. 이때 드는 충만한 만족감은 낮 동안의 여러 가지 기억들에 집착하는 것, 무서운 공상을 막아 주는 역할을 한다.

아무 데서나 오줌을 싸거나 손가락을 빨고 성기를 비비는 행동 같은 퇴행 현상을 보이는 아이들은 위에서 말한 장난감을 가지고 3주 정도만 실컷 놀게 해 보라. 하지만 아이가 노는 동안 금지나 충고, 꾸지람을 한다면 오히려 역효과가 날 수 있다. 어린아이는 이제 겨우 원인과 결과를 서로 연관시킬 수 있을 뿐 추상적인 추리나 어떤 도덕적인 논쟁도 이해하지 못한다. 따라서 일곱 살이 안 된 아이에게 어떤 행동을 왜 해야만 하고, 왜 하면 안 되는가를 설명하는 일은 소용없는 일이다. 아이가 그 이유를 묻는다면 "네가 그렇게 했으면(하지 않았으면) 좋겠어." 하고 말하는 것이 가장 좋다. 아이는 다른 사람이 좋아하는 행동을 하는 것이 자신에게도 좋다는 사실을 이해할 수 있다. 왜냐하면 그것이야말로 자신이 원하는 바이기 때문이다.

피아노에 못을 박으려는 아이를 다루는 데는 세 가지 방법이 있다. 한 가지는 망치와 못을 치워 버리면서 아주 간단히 그런 일을 해서는 안 된다고 말하는 것이다. 이 방법으로는 아이가 망치질을 하고 싶은 생각까지 멈추게 할 수는 없지만 아이에게 그다지 해를 끼치지 않는다. 두 번째 방법은 화를 내면서 연장을 빼앗고, 아이에게 벌을 주고 도덕적인 훈계를 늘어놓는 것이다. 이 방법은 아이에게 심각한 해를 끼치게 된다. 이런 방법은 아이를 비도덕적으로 만들 뿐 아니라 재미있는 목수놀이를 하지도 못하게 된다. 세 번째 방법은 아이에게 피아노에 못을 박는 대신 나무토막과 망치와 못을 주는 것이다. 아이의 사고체계 속에서만 정당하던 즐거움을 어른과 아이 모두에게 정당한 즐거움으로 바꿔 놓았다. 그러면 그 아이는 훌륭한 목수가 되는 동시에 어른들에게 꾸중을 듣지도 않는다. 이후에도 아이는 피아노와 나무토막을 구별해서 다루게 될 것이다.

상상의 시기에는 실물과 같은 사실적인 장난감은 아이의 흥미를 끌지 못한다. 진짜 기차와 같이 기계로 조립된 기관차와 객차, 선로까지 갖춰진 기차놀이 세트를 아이에게 주면 아이는 제 방식대로 그것을 가지고 논다. 사용설명서에 맞게 정해진 방식대로 가지고 노는 것은 잠깐이고, 기차에 줄을 매어 끌고 다니는 시간이 더 많을 것이다. 아이는 기차가 식탁 가장자리에서 뚝 떨어지거나, 가구에 부딪혀 '꽝' 소리를 낼 때 훨씬 더 재미있어 한다. 망가진 기차를 마당으로 끌고 나가 길을 오르락내리락 할 때 아이는 더없이 즐겁다. 아이의 목적은 장난감을 망가뜨리는 것이 아니며, 망가지는 것은 단순히 부수적인 결과였을 뿐 애석하다는 생각도 없다. 실제로 아이는 새 장난감보다 부서진 조각을 훨씬 더 가치 있게 생각하는 경우가 많다. 망가진 장난감은 자신의 힘을 표현할 수 있는 증거이기 때문이다. 아이가 제 장난감을 망가뜨리는 일은 단순히 장난감의 가치를 파괴하려고 하는 것이 아니다. 아이의 전혀 악의 없는(본성이 요구하는 대로 장난감들을 작동시키려고 한) 행동 때문에 장난감이 망가졌을 뿐이다.

한 꼬마 친구가 여러 개의 기계로 조종하는 증기기관차를 선물 받았다. 형이나 어른들이 감탄할 정도의 정교한 장난감이어서 많은 사람들이 구경하려고 모여들었다. 그것은 전동 장치와 톱니들, 벨트와 활차를 완벽하게 재현한 모형으로, 알코올램프에 불을 붙이면 수증기가 끓어 기차가 저절로 움직였다. 아이는 며칠 동안 정해진 방식대로 움직이는 기관차를 가지고 놀기 위해 꽤 많은 노력을 기울였다. 그러나 그 기계를 손쉽게 가지고 놀 수 있게 되자 흥미를 잃어버렸다. 아이가 할 수 있는 일이라고는 단지 알코올램프에 불을 붙이는 것뿐이었기 때문이다. 이런 과정을 지켜본 어른들은 이상한 아이라고 생각했다. 그럴수록 아이는 그 장난감을 내팽개치고 거들떠보지도 않았다.

나는 어른들의 오해를 풀기 위해 그 장난감을 과학적인 여러 원리에 따라 아이와 함께 다시 만들기로 했다. 우리는 원래 있던 정교한 기계 연결을 끊고 엉성한 도르래와 약간의 끈으로 이를 대체하고 동력을 전달하는 축을 새로 만들었다. 우리를 이해하지 못하는 다른 어른들은 우리를 꾸짖고 나무랐다. 우리가 만든 장난감은 기계의 벨트가 풀어지기도 하고 자주 고장이 났다. 장난감의 기계장치는 모두 손상되었지만, 아이는 다른 놀이를 포기하고 말썽 많은 기계를 다시 움직이게 하는 일에 푹 빠졌다. 아이는 동력장치가 다시 작동되도록 전동장치를 완성하더니 또 다른 것을 시도해보려 했다. 그래서 이번에는 동력원을 바꾸었다. 증기 보일러와 엔진을 치워 버리고 집에서 만든 엉성한 건전지로 발전하는 모형 전기 모터로 바꾸었다. 여러 가지 화학물질을 섞고 쓰레기통에서 발견한 폐기물에서 부품을 찾았다. 새롭게 만드는 기계장치에 작은 바퀴가 필요해서 값비싼 장난감 전동차를 망가뜨리기도 했다. 며칠 동안 온 정성을 다해 만든 동력기차가 움직이자 아이는 환호성을 터뜨린다. 이 완성품은 엉성하고 볼품없으며 비효율적이었지만, 그렇게 만든 장난감에는 아이의 자랑스러움과 긍지가 들어 있었다. 그 물건은 그가 새로운 기관차를 만들기 시작함으로써 자신의 모든 재능을 쏟아 부은 대상이었기 때문이다.

아동기의 모든 기간 동안 같은 특징이 발휘된다. 네 살이 된 아이가 자기 힘을 과시하기 위해 부서진 함석 깡통에 끈을 달아 끌고 다닌다. 이렇듯 어른들의 신경을 건드리는 시끄럽고 거친 장난은 아이가 올바르게 성장하기 위해 꼭 필요한 과정이다. 위대한 정치가나 리더들은 자유로운 아동기를 보낸 사람들이며, 어른들의 지나친 간섭이나 억압이 없는 가정환경에서 자란 사람들이다. 말썽꾸러기 아이의 행동을 끊임없이 간섭하고 지적하는 것으로는 아이의 넘쳐나는 에너지를 막을 수 없다. 간섭과 억압은 아이의 창조적인 에너지를 다른 쪽으로 전환시킬 뿐이다.

벌주기
아이들의 능력을 꺾는 지름길

벌에는 세 가지 종류가 있다. 첫째, 불이 뜨겁다는 사실을 몰라서 부주의하게 다루다가 화상을 입는 경우와 같이 자연적이고 즉각적인 벌. 둘째, 덜 익은 사과를 먹고 배탈이 나는 것과 같이 자연적이지만 즉각적이지는 않은 벌. 셋째, 외부의 권위에 의해서 주어지는 독단적이고 인위적인 벌.

이 중에서 첫 번째 벌이 가장 교육적이고 유익하며, 반복할 필요가 없는 벌이다. 아이는 사람이 고통을 준 것이 아니기 때문에 누구에 대해서도 원망하지 않을 뿐더러 화상을 입힌 불을 싫어하기는커녕 오히려 불에 대한 경외심을 갖는다. 두 번째 유형의 벌은 비교적 덜 직접적이며, 아이가 고통과 자기 행위를 연결시킬 수 있을 만큼 지적으로 발달하기 전까지는 적절치 않다. 그래서 부모의 지도가 필요하다. 풋사과는 맛있기 때문에 매번 배탈이 나는 것을 경험하지 않고서는 함부로 풋과일을 먹는 행동을 고칠 수 없다. 그러나 이 경우에도 아이는 첫 번째 경우의 불과 마찬가지로 사과를 싫어하지는 않는다. 이와 같은 자연적인 벌은 신체의 어느 부위가 아픈지에 따라 자기가 한 행위에 대해 이해하는 범위가 달라진다. 그렇기 때문에 어떤 행위를 계속하거나 중단하게 하기 위해서는 부모의 설명과 지도가 필요하다. 아이가 그러한 인과관계를 제대로 이해할 수 있으려면 부모를 온전히 신뢰해야 한다. 즉 아이가 부모를 올바른 안내자라고 믿는 관계가 형성되어 있어야 한다는 말이다.

세 번째 유형의 벌은 더욱 복합적이다. 어린아이는 잘못과 체벌로 인한 신체적 고통의 관계를 이해하지 못한다. 그러나 부모는 아이의 이런 의식을 깨닫지 못한다. 아이의 잘못된 행동보다 더 큰 위험은 여기에 있다. 고통스런 체벌을 경험한 아이는 자기가 무엇을 잘못했는지 알지 못하기에 부모를 원망하고 미워하게 된다. 이러한 원망과 미움을 표현하기 위해 잘못된 행동을 되풀이하게 된다. 이런 과정이 계속되면 거짓말을 일삼는 태도는 습관이 되어 버린다. 더구나 부모는 자연스럽게 벌을 주어 행동을 수정하는 자연의 이치를 무시하고 아이에게 직접 체벌을 가함으로써 더 나쁜 아이로 만들게 된다. 뿐만 아니라 그렇게 행동하면서도 아이가 나쁜 짓을 할 때마다 부모들은 자기들이 더 상처를 입는다고 엄중하게 확인시키려 한다. 이런 상황에서 얼마나 많은 아이들이 옴짝달싹 못하고 슬퍼하며 허우적거리는지!

아이가 나쁜 행동을 하면 부모가 더 힘들다는 생각을 실제 행동으로 옮긴 엄마가 있었다. 그 엄마는 아이가 벌 받을 짓을 하면 아이에게 직접 회초리로 엄마를 때리도록 시켰다. 이런 일이 계속되어도 어린아이는 변하지 않았다. 하루는 아이가 엄마를 때리지 않으려고 해서 어쩔 수 없이 아이를 때려야만 했는데 그 후 엄마는 이 방법 역시 아무 효과가 없다는 것을 알고 그만 두었다. 아이의 행동을 교정하기 위해서 이런 방법에 집착하고 있는 부모에게 제안을 하나 한다면, 시각적으로 보이는 표를 만들어 제시하는 것이다. 우선 어떤 잘못에는 어떤 벌이 주어질 것인지 표를 만들고 벌 받을 행동의 목록을 만든다. 그런 다음 표를 보면서 나쁜 행동을 하면 어떤 벌이 주어질 것인지를 체계적으로 알게 한다. 이렇게 하면 자신의 나쁜 행동과 체벌 사이의 관계를 쉽게 이해할 수 있을 것이다. 그러나 이해한다고 해서 행동이 근본적으로 교정되지는 않는다. 이것은 다만 아이에게 잘못된 행위와 벌의 상관관계를 가르칠 뿐이다.

내가 체벌이라고 부른 것은 일상적인 모든 벌의 행태에도 적용된다. 아이를 자기 방으로 보내는 것, 식사를 금지시키는 것, 사람들이 많은 곳에서 창피를 당하게 하는 것과 같은 모든 다른 벌들도 아이와 부모 사이의 관계를 위험하게 한다. 나는 아이가 자연법을 어기지 않고 생명이나 건강상에 위협이 없다면, 아이의 행동을 방해해서는 안 된다고 생각한다. 다섯 살이 넘으면 위험한 놀이를 할 수 없도록 주변이 정리되어야 한다. 아이가 성냥이나 화약을 가지고 노는 것이 위험하다는 것을 알 때까지는 그런 것들을 가지고 놀 기회가 주어져서는 안 된다. 날카로운 날을 가진 기구나 독극물 등에 대해 교육시키기는 이르지만 불의 모든 속성을 가르쳐야 한다.

아이가 어떤 것이 위험한지 알게 될 때까지는 가지고 노는 것을 잘 감독해야 한다. 일시적으로 위험한 경우를 제외하고는 우리는 아이의 궁극적인 탐구를 결코 방해할 수 없다. 열려 있는 2층 창문 옆에서 아이가 놀고 있다면 어떠한 방법으로라도 조심하도록 가르쳐야 한다. 아이가 어떤 상황에서 특별히 생길 수 있는 위험을 깨달을 때까지는, 위험한 모든 요소를 제거해야 한다. 무언가를 훔치거나 다른 사람에게 해코지를 하거나 불친절, 무례함, 이기적인 행동은 잘못이라는 것을 자연스러운 방법으로 아이 스스로 깨닫게 해주어야 한다. 예를 들어, 피아노에 못을 박으려는 아이가 있다면 피아노 주인이 얼마나 슬퍼할지를 알려 주는 것이다. 윽박지르거나 벌을 주면 아이는 벌을 주는 어른을 원망하게 되고 결국 피아노를 망가뜨려 만족감을 얻으려 할 테니까 말이다.

도둑질하는 아이를 다룰 때는 특히 조심해야 한다. 훔치는 것이 어떤 것이라는 가치의식도, 물건을 소유한다는 개념도 없는 아이는 도둑질을 하면 왜 안 되는지 모르기 때문이다. 사람들을 함부로 대하는 경우는 매우 흔한 일이다. 어떤 아이가 자기보다 더 어리거나 힘없는 아이를 때렸을 때 맞은 아이를 지나치게 감싼다면 그의 행동을 고칠 수 없다. 아이 스스로 상대방 아이에 대한 동정을 갖고 그 행동을 후회할 수 있게 해야 한다. 사회적인 관계에서 잘못을 저지르는 아이는 어른들이 싫어하는 사람을 대할 때와 같은 방식으로 대하면 된다.

일반적인 가정에서 자라는 아이라면 5살 정도만 되어도 가족들의 마음에 들지 않게 행동하면 얼마나 손해를 보는지 알고 있다. 만약 아이가 피아노를 시끄럽게 두들겨 댄다면 아이에게 다른 사람들이 아주 불편해한다는 사실을 알려 준다. 그래도 계속 시끄럽게 한다면 아이를 야단치면서 내쫓기보다 시끄러움을 못 견디는 어른들이 그 방을 나가 버리는 편이 낫다. 그러면 아이는 스스로 무엇이 잘못되었는지를 깨닫게 될 것이다. 만약 아이가 무례하고 버릇없이 군다면 가족 중에 아이가 잘 따르는 어른을 찾아 그 어른의 행동을 살펴보고 교정하면서 동시에 그런 행동을 했을 때 사람들이 모두 싫어한다는 것을 알려 주어야 한다.

잘못을 시인하지 않을 때, 스스로 되돌아보게 할 목적이 아니라면 아이의 노력과 행동을 비난해서는 안 된다. 오히려 아이의 나쁜 면보다 좋은 면을 들춰내어 아낌없이 칭찬해 주어야 한다. 그렇지 않으면 그 아이는 긍정적이고 적극적인 아이로 자라지 못하고 방어적이고 소심한 아이로 성장하게 된다. 적의가 담긴 비난이 얼마나 해로운지는 에르고그래프(ergo-graph)를 통해 확인할 수 있다.

에르고그래프란 의지에 따라 작업능력이 어떻게 변화하는지를 근육의 피로도와 작업능력 간의 상관관계로 나타낸다. 이 실험에 참여하는 피실험자는 우선 의자에 편하게 앉아 의자 팔걸이에 한쪽 손을 고정시켜 묶는다. 세 개의 도르래와 연결된 끈을 고정된 손의 가운뎃손가락에 묶고 그 손가락에 적당한 무게의 추를 달아 서로 당기는 힘이 수평이 되게 조절한다. 추가 달린 손가락을 규칙적으로 들어올릴 때마다 천천히 회전하는 실린더와 연결된 펜이 선을 긋는다. 그 선이 나타낸 그래프로 피실험자가 피로를 견디는 능력에 어떤 특징이 있는지 알 수 있게 된다. 추를 계속해서 규칙적으로 들어 올리면 피로가 쌓이게 되고 일시적인 마비가 와서 손가락을 움직일 수 없게 될 때까지 기록되는 선은 점점 더 짧아진다. 이때 피실험자의 눈을 가려 선으로 기록되는 실험 결과를 보지 못하게 한다. 어느 정도 실험이 진행되면 피실험자는 근육의 힘이 다

소모되어 추를 움직일 수 없다는 것을 모르고 계속 손가락을 움직이려 노력한다.

  이러한 실험을 통해 발견할 수 있는 흥미로운 점은 아주 많다. 실험을 진행하는 도중 점점 근육에 피로가 쌓여 선이 짧아지기 시작할 때, 뭔가 피실험자가 크게 잘못했다는 듯이 적의에 찬 비난을 퍼부으면 피실험자의 힘이 뚝 떨어지는 것을 관찰할 수 있다. 즉각적으로 선이 더 짧아지고 근육의 피로가 증가되며 추를 들어올리는 현상이 완전히 멈추기도 한다. 거의 모든 피실험자들은 비난을 받은 후 다시 특별한 칭찬을 해 주지 않으면 추를 들어올릴 힘을 회복하지 못한다. 나는 이 실험을 통해 적의가 담긴 비난이 주어지면 힘이 급격히 감소되고, 격려 어린 칭찬을 해 주면 그 힘이 전부는 아니더라도 대부분 회복된다는 것을 알 수 있었다. 칭찬을 계속해 줄 경우 근육의 마비가 일어나고 힘이 하나도 남아 있지 않아도 얼굴 표정이나 몸의 무의식적인 운동감각은 추를 들어올리려는 의지를 발산한다. 이 상황이 계속 반복되면 실제로 없던 힘이 더 생겨나기도 한다.

  나는 모든 교사와 부모들에게 이 실험 결과를 알리고 싶다. 아이가 실수를 했을 때 비난하고 벌을 주는 일은 아이의 능력을 꺾어 버린다는 것을 실제로 보여 주는 증거가 되기 때문이다. 아이를 사랑한다면 이 결과를 통해 아이에게 마취제 같은 벌과 비난 대신 애정 어린 격려와 칭찬을 활용하게 되리라 확신한다.

2부 아이들의 문제 행동 통찰하기

" 아이들에게 가해지는 벌은 오히려

　범죄와 비겁함을 키우고,

　권위로 강제한 도덕성은

　아이들을 위선자로 만든다."

작은 공화국, 리틀 코먼웰스

호머 레인과 리틀 코먼웰스(The Little Commonwealth)는 따로 떼서 생각할 수 없다. 미국에서 자치 공동체 형태의 소년원을 운영하던 호머 레인은 영국의 사회개혁가들의 초청으로 1912년에 영국으로 건너가 리틀 코먼웰스의 원장이 된다. 레인의 친구인 조지 몬테규가 도싯 지방에 설립한 소년원이던 코먼웰스는 레인의 철학에 따라 자유와 자치를 기초로 아이들에게 놀라운 변화를 낳는 교육 현장이 되었다.

리틀 코먼웰스가 없었다면 어쩌면 서머힐은 생겨나지 않았을지도 모른다. 설령 만들어졌다 하더라도 상당히 다른 모습의 학교가 되었을 것이다. 서머힐을 만든 니일이 고백했듯이, 호머 레인은 니일에게 가장 큰 영향을 미친 사람 중 한 사람이다. "꽃으로도 아이를 때리지 말라"고 외친 스페인의 교육혁명가 프란시스코 페레처럼 국가 전복 혐의로 총살을 당하지는 않았지만 시대를 앞선 호머 레인도 사실상 사회적으로 매장되었다. 니일이 아니었으면 그의 사상이나 활동은 역사 속에 자취를 감추었을지도 모른다. 리틀 코먼웰스는 서머힐의 모태라고 봐도 지나친 말이 아닐 것이다.

이 글은 1918년 레인의 강연에서 발췌한, 리틀 코먼웰스에 관한 짤막한 소개 글이다._편집자 주

리틀 코먼웰스는 갓난아기부터 19세까지의 남녀 청소년들이 함께 모여 생활하는 교육 공동체이다. 14세 이상의 아이들은 범죄를 저질러 몇 년씩 소년원 수용 처분이 내려진 비행 청소년들이다. 최근 리틀 코먼웰스는 소년원으로 정식 인가되었다. 13세가 안 된 아이들은 영아원이나 고아원에 수용되는 대신 이곳에 온다.

코먼웰스에는 현재(1918년) 어른이 5명(이중 4명은 여성), 14~19세 남녀 청소년들이 42명, 13세 이하 어린이 9명이 생활하고 있다.

이 구성원들은 세 개의 가족 집단으로 나누어 생활한다. 이 가족 집단들은 모든 면에서 동질성을 갖고 있기에 어느 가족 집단에 속할지는 각자의 자유의사에 따른다. 남녀 구별이나 나이 구분 없이 가족 집단에서 생활하며 자기가 속한 가족 집단의 생계 유지와 관리, 아이들의 복지를 함께 분담하여 책임진다.

코먼웰스가 다른 기관과 구분되는 특이한 점은 규칙을 아이들이 직접 만든다는 사실이다. 여기서는 열네 살이 되면 누구나 직접 법을 만드는 데 참여한다. 여러 가지 법률과 사법기구로 생활을 규제하는 데 공동책임을 지는 '시민'의 한 사람으로서 어른들은 교사의 역할이나 경제 활동 과정에서 근로 감독자 임무를 해야 할 때를 제외하고는 특별한 권위를 행사하지 않으려 노력한다.

코먼웰스 시민들은 여러 분야에서 일을 하고 그 대가로 코먼웰스 전용 화폐로 임금을 받는다. 그 돈으로 식사를 해결하고 옷을 사 입고 문화생활을 하는데, 자신이 번 수입 안에서 얼마든지 우아하게 생활할 수 있다. 이곳에서 받는 임금은 일반 사회에서 같은 일을 했을 때 받을 수 있는 금액과 같은 수준이다. 코먼웰스 시민들은 학교의 정규 교육과정을 공부하는 데 필요한 시간을 제외하고는 주로 자기 생계를 위해 일한다. 물론 열네 살이 넘은 아이들에게만 적용되는 일이다. 열네 살 미만의 아이들은 학교의 정규수업을 마치면 자기가 하고 싶은 일을 찾아서 할 뿐 의무적으로 해야 하는 일은 없다.

돈을 버는 대로 다 써 버리거나, 게을러서 자신의 생계비를 내지 못할 때는, 세금으로 징수한 기금인 공공회계에서 보조한다. 신체적·정신적 피해를 입은 사람에게 보상해 줄 때나, 식비를 못 내는 사람에게 식비를 지급할 때, 누군가 코먼웰스를 나가면서 비용이 발생할 때는 납세자인 코먼웰스 시민들이 나누어 낸다. 또 잘못을 저질러 시민법정에서 처벌을 받으면 그 기간 동안 일을 하지 못해 돈을 벌 수 없게 되는데, 그 때도 필요한 물품을 모두 코먼웰스 공동체에서 제공받는다.

코먼웰스에서 행복하게 지내는 일은 도덕성과 직접 관계가 있다. 사춘기 아이들이 규율을 자발적으로 정하고 그에 기초하여 성장하고 발전해 가는 데 이보다 더 좋은 환경이 있을까?

이러한 장점은 코먼웰스를 운영해 온 4년 동안 명확히 증명되었다. 개인적인 비행을 평가하는 시민들의 도덕적 기준은 언제나 건전하고 명확했다. 리틀 코먼웰스 안에서는 경제체계와 공동체의 도덕성이 함께 상호작용을 하며 하나의 정책으로 자리 잡았다. 도덕성과 정직은 다른 곳과 마찬가지로 코먼웰스에서도 최선의 정책이 되어 왔다.

사실 코먼웰스가 문을 열었던 첫 해, 처음 입소한 아이들은 여러 가지 시행착오를 겪었다. 스스로 규율을 정하고 벌을 주는 새로운 책임에 어리둥절해하며 어떻게 해야 할지 몰라 했다. 누군가 잘못을 저지르면 갑자기 태도를 바꾸어 대하기도 하고, 가혹한 벌을 주기도 했으며, 상황에 따라 벌의 형태가 달라지기도 했다. 일정한 좁은 지역에서만 머무르는 활동 지역 규제나 벌금, 여러 가지 권리를 박탈하는 벌은 점차적으로 사라졌다. 이후에는 공동체나 타인에게 재산상의 손해를 입혔을 때에도 가해자의 능력 한도에 맞게 배상하도록 했다. 이렇게 벌의 형태가 바뀌는 원인을 상황마다 일정하게 분석하기는 어렵지만, 이러한 과정은 아이들의 도덕의식 성장 연구에 큰 시사점을 주고 있다.

코먼웰스의 길지 않은 역사 중 가장 흥미로웠던 시기는 개원한 뒤 처음 몇 개월 동안이었다. 개원할 당시 비행 청소년 15명을 모아 놓고 자치적인 공동체를 실험했는데, 이 청소년들에게는 사회생활의 질서의식도 전혀 없었고, 물건에 대한 소유 관념과 가치관도 극히 모호했다. 도시의 빈민가에서 태어나 자란 이 아이들은 부모나 경찰, 교사 등의 권위에 포위된 극히 좁고 제한된 환경의 희생물이었다. 강제적이고 억압적인 권위에 굴복할 뿐, 그들 스스로 자제하는 능력은 거의 없었다. 다른 아이들과의 사회적 관계 역시 어떤 권위에 대항하여 자신들을 보호해야 할 경우에만 협력하는 원시적인 형태였다. 아이들 개개인이 따로 있을 때는 매우 수동적이고 냉담했지만, 집단이 되었을 때는 군중심리에 의존해 공격적이고 난폭한 반사회적 행동을 했다.

아이들이 사회와 규범에 대해 갖고 있는 반감과 잘못된 관념들을 해소시키기 위해서는 특별한 방법이 필요했다. 법률적으로는 옳고 그른 것을 예민하게 따지지만 도덕 관념은 거의 없는 이 아이들에게 우리는 "너희가 원하는 것은 마음대로 해도 좋다"고 했지만, 그들은 도무지 믿지 않았다. 어른들 앞에서는 어떤 일도 결코 자발적으로 하지 않았고, 자기표현을 억제했으며 수동적이었다. 반면 아이들끼리 있을 때는 매우 자발적이고 창의적이며 활발했지만, 대부분 파괴적인 방식으로 일관했다. 아이들 사이의 리더로 인정받은 아이는 가장 파괴적이고 반항적이며, 가장 거친 말을 쓰는 소년이었다. 아이들은 직접적인 지시나 명령에는 매우 복종적이었는데, 이는 어디까지나 뭔가 잘못을 한 약자의 복종이지 동등한 권리를 가진 자로서의 복종이 아니었다. 이들의 이상理想은 반사회적인 행위와 사고를 드러내는 데 있는 것처럼 보였다.

이러한 아이들의 태도를 고치는 전통적인 방법은 그들의 바람직하지 않은 행동들을 억누르고, 어른들이 옳다고 여기는 생각과 행동을 주입시키는 것이다. 그러나 보다 합리적인 방법은 스스로에게 이익이 되는 행동을 발견할 때까지 그들의 행동을 격려함으로써 아이들의 잘못된 태도를 단번에 일소시키는 것이다. 바로 이 방법이 코먼웰스에서 사용한 방법이다. 나는 아이들의 파괴적인 집단행동에 가담하여 그들 패거리의 일원이 되었다. 공동체의 최고 권위자인 내가 한밤중에 베개 싸움을 하고, 식료품 창고를 털고, 싸움을 허락하고 격려하자, 아이들은 그런 일에 내포된 스릴을 빼앗겨 흥미를 잃어버렸다. 그러자 우리는 다음 단계로 나아갈 수 있었다. 아이들은 코먼웰스의 시민으로서 좀더 생산적인 일에 관심을 갖기 시작했다. 아이들의 집단 이상이 바뀐 셈이다.

아이들은 모든 일에 자발적으로 협동했고 자신의 행동을 조절할 수 있게 되었다. 결국 질서를 위해 규칙이 필요하다고 느꼈고 규칙을 정하는 입법기구와 위반 행위를 판결하는 사법기구를 만들게 된 것이다. 코먼웰스의 이상을 단적으로 보여 주는 것이 바로 이 '시민 법정'이다. 코먼웰스에서는 시민 모두가 법정에 참여하며, 최고의 사법적 결정은 전체 시민 투표로 정해진다. 시민 재판관과 범법자 사이에 의견 충돌이 있을 경우에는 참석자들의 여론에 따라 결정을 내린다. 모든 시민은 재판 과정에서 자신의 의견을 밝혀야 한다. 시민법정을 통해 아이들은 그들의 참된 모습을 표현하기도 한다. 물론 일반적인 어른들 사회의 법정에서는 이러한 모습을 찾아볼 수 없는 것이 당연하다. 우리 사회의 법정은 코먼웰스와 같이 도덕규범의 대변자가 아니라 다만 법을 적용시켜 범법자를 격리하거나 처벌하는 제도일 뿐이기 때문이다.

편집자 주_ 리틀 코먼웰스는 내무부의 명령으로 1918년 문을 닫았다. 코먼웰스에서 달아난 두 소녀가 레인이 자신들을 겁탈하려 해서 달아났다고 주장했기 때문이었다. 한 소녀는 조사에 응하지 않았고 또 다른 한 명의 진술도 결국 거짓임이 드러났지만, 당국은 진상 조사를 제대로 하지 않은 상태에서 폐원 명령을 내렸다. 그 후 레인은 아이들 일부를 런던으로 데려가 돌보면서 강연을 하고 어른들을 대상으로 정신분석 일을 하며 생계를 이어갔다. 그러다 환자와의 문제로 또 다시 재판을 받고 영국에서 추방된 호머 레인은 프랑스에서 장티푸스와 폐렴에 걸려 1925년 9월 5일 세상을 떠났다.

벌은 어떻게
아이들을 망치는가

대부분 사람들은 모든 인간들에게 선과 악이 동일한 비율로 있다고 생각한다. 그래서 사람들은 체계적인 강제와 벌로 악을 제거하고, 칭찬과 보상으로 선을 장려해야 한다고 믿고 있다. 이러한 믿음들은, 선은 가치가 있고 좋은 것이며 악은 전혀 쓸모가 없으므로 제거해야만 하는 것으로 여기는 데서 비롯된다.

그러나 나는 리틀 코먼웰스와 어린이 병동 같은 곳에서 아이들을 만나면서 이러한 믿음들이 모두 잘못되었다고 확신하게 되었다. 아이들에게 가해지는 벌은 오히려 범죄와 비겁함을 키우고, 권위로 강제한 도덕성은 아이들을 위선자로 만든다. 나는 셸리(Percy Bysshe Shelley(1792-1822), 영국의 소설가이자 시인)가 쓴 시에 진심으로 공감한다.

고결한 영혼을 가진 인간은 명령하지도 복종하지도 않는다.
인간을 황폐하게 하는 전염병 같은 권력은 닿는 곳마다 오염시켜 버린다.
복종은 모든 천재성과 덕, 자유와 진리를 쓰러뜨리고
마침내는 기계화된 자동장치처럼 인간을 노예로 만든다.

심리학자들이 최근 발표한 연구는 셸리의 생각이 옳다는 것을 증명해 주었다. 1차 세계대전 이후, 선이 강요될 수 있는지, 아니 도대체 선이 무엇인가라는 근본적인 의문이 제기되었다. 이러한 문제의식은 국가 간의 도덕성뿐 아니라 아동의 교육에서도 재고를 요구했다. 우리는 다른 나라 다른 사람들의 올바르지 못한 행위를 비난하며 혐오하기도 한다. 그러나 자신이 속한 나라나 가족, 혹은 자기 자신이 저지른 악행에는 눈을 감아 버린다. 바로 이 점이 내가 주의 깊게 파고든 연구 대상이다.

인간의 정신세계를 심층적으로 연구한 결과 '아이는 어른의 아버지'라는 오래된 지론을 뒷받침할 정신적 과정들이 밝혀지고 있다. 바로 유아기의 경험과 인상이 성인기의 정신생활을 좌우한다는 구체적인 사례들이 드러난 것이다. 말더듬이나 경련, 여러 가지 노이로제 현상들, 평범한 사람들도 광범위하게 느끼는 두려움과 콤플렉스들은 모두 어린 시절 가해진 지나친 권위와 억압 때문임이 증명되고 있다.

아이들의 정신세계는 부모나 교사들이 원하는 모든 것을 쓸 수 있는 하얀 백지가 아니다. 정신세계를 구성하는 에너지는 매우 역동적이며,

그 원동력은 이미 그 안에 존재하고 있다. 교사와 부모는 다만, 아이들의 정신세계에서 제한된 일부만을 조절하여 방향을 제시할 수 있을 뿐이다. 그러나 이러한 사실을 이해하지 못한 상태에서 아이들을 올바로 대하는 방법을 모르기에 부모와 교사들은 아이들의 잘못된 행동을 오직 벌을 이용하여 교정하고자 한다.

아이는 본능적이고 무의식적으로 행동하여, 도덕 관념 없이 태어난다. 갓 태어난 아이의 정신은 육체의 기능을 조정하고 신체적 욕구를 충족시키기에 바쁘다. 아이가 점차 성장하면서 주위에 있는 사물과 부모의 관계에서 영향을 받고 인상 깊게 느끼는 것들에 따라 행동이 달라진다. 이후 자의식이 생겨나면서 자발성과 의지도 자라난다. 이제 아이들에겐 호기심이 발동한다. 호기심은 뭔가 알려고 하는 역동적인 정신적 열망이다. 교육자들은 아이들의 호기심에 관심을 가져야 한다. 아이들은 호기심으로 지적 욕구들을 충족해 가며 그 과정에서 자기 통제를 배운다. 이러한 과정으로 잘 단련된 호기심은 지속적인 흥미와 관심으로 자리 잡는다.

호기심을 잘 단련시킨다는 것은 어떤 의미일까? 태어나서 일정 기간 동안 아이는 부모에게 완전히 의지한다. 그러나 여러 가지 사물이나 관계에 대한 지식을 갖게 되면서 점차 스스로 행동하게 된다. 도덕 관념이 전혀 없던 아이는 주변 환경을 통해 실험한 모든 일에서 진실과 거짓을 경험하고, 그것에 따라 도덕적, 비도덕적 에너지가 형성된다. 아이는 호기심이라고 하는 추진력을 갖고 끊임없이 이러한 실험과 발견을 되풀이하고 있다는 사실을 명심해야 한다. 아이들의 모든 행위는 그것이 의식적이든 무의식적이든 지식을 추구하는 정신적 욕망의 발현이다. 그러기에 호기심이 충분히 발휘되고 충족될 수 있도록 배려하고 북돋워야 한다.

아이들의 행동은 서로 결합되어 있기는 하지만 서로 다른 세 가지 욕망에 의해 나타난다. 그 욕망을 다음과 같은 세 가지의 전형적인 예로써 설명할 수 있다. 첫째, 음식에 대한 욕망, 둘째, 불을 만지고 싶어 하는 욕망. 셋째, 담배를 피우고 싶어 하는 욕망.

인간은 일생 동안 반복적으로 일어나는 식욕을 갖고 있는데, 이는 자연적이고 육체적인 내면의 욕구이다. 두 번째 욕망은 정신적이며 심리적인 호기심이 자극되어 나타나는 욕구이다. 그러나 세 번째 욕망은 외부 환경으로부터 부과된 것이다. 담배에 대해서는 선천적인 욕망이 있는 것도 아니고 호기심이 있다고 해도 그다지 큰 것도 아니다. 그 욕망은 인위적으로 만들어진 부자연스런 욕망이며 정신적, 육체적 필요성을 충족시키는 것이 아니기에 '선하다'고 할 수 없다.

교육자는 이 세 가지 욕망을 아이들이 스스로 판단하도록 둘 것인지, 벌을 이용해 길을 잡아 줄 것인지 어느 한 쪽을 선택해 가르쳐야 할 책임이 있다. 이러한 욕망들은 서로 밀접한 관계가 있다. 이들이 어떻게 작용하는지 불을 만지고 싶어 하는 유아의 욕망을 통해 살펴보자.

유아기의 아이는 불을 보면 아주 좋아한다. 불 곁에 가면 따뜻함이 느꺼지며, 불꽃은 예쁘고 생동적이다. 아이는 그동안 주위 물건들을 만져 보면서 그 성질을 알고, 물건들을 맘대로 다룰 수도 있게 되었다. 그러기에 아이는 불꽃도 만져 보고, 자기 맘대로 가지고 놀고 싶어 한다. 아이는 불꽃을 만지면 왜 안 되는지 그 이유를 아직 모른다. 이때 부모는 아이의 호기심을 잘 유도해 불의 성질이 어떤 것인지 알려 주어야 한다. 만일 엄마가 아이에게 스스로 불의 성질을 알 수 있도록 배려해 주었다면 아이는 자연스럽게 불의 성질을 알고 어떻게 대해야 할지 스스로 깨닫게 될 것이다.

유아기 아이에게 '불을 만지면 안 된다', '불에 가까이 가면 데인다'고 아무리 설명해 봤자 아이는 그 말을 이해하지 못한다. 불이 가진 열을 어느 정도 가까이 가서 경험해 보아야만 그 진리를 이해할 수 있다. 유아기의 아이에겐 스스로 경험하고 깨닫는 것이 중요하다. 이러한 자치의 원리를 믿는 엄마는 아이가 불의 성질을 스스로 배우도록 안내함으로써 아이를 심한 위험에서 보호할 수 있다. 오히려 아이를 더 주의 깊게 관찰함으로써 보호할 수 있고, 크게 다치지 않도록 도와줄 수 있다. 그러기에 불의 열기가 너무 뜨겁다는 것을 느낄 수 있을 만큼 불 가까이 있도록 해 주는 것이 좋다. 난로 가에서 석탄이나 숯이 밖으로 떨어져 나올 때 아이가 그것을 만져 볼 수 있을 정도로 손을 가까이 가져가 보게 놔 두어라. 그러면 아이는 불을 만지면 상처를 입고 고통 받는다는 사실을 알고 다시는 불을 만지려 하지 않을 것이다. 아이는 불에 대해 스스로 조절할 수 있게 된 셈이다. 이제 아이에게 불은 호기심의 대상도 아니고 공포의 대상도 아닌 주의해야 할 따뜻하고 예쁜 존재로 받아들여진다. 이것이 지식이다. 이런 과정을 통해 아이는 엄마를 신뢰하게 된다.

벌로써 아이를 가르치려는 엄마는 아이가 불 가까이 가지 못하도록 통제한다. 이렇게 되면 아이의 호기심과 불을 만지고 싶은 욕망은 억압당한다. 또한 그 욕망 뒤에 있는 에너지는 다른 형태로 발산되거나 불에 대한 강박관념으로 계속 쌓이게 된다. 이렇게 계속 좌절된 욕망은 마음속에 응어리진다. 아이는 불을 향한 욕망이 커질수록 불에 접근하지 못하게 하는 엄마를 방해꾼으로 생각하게 된다. 불을 향한 관심과 만지고 싶은 욕망이 계속 쌓였을 때, 엄마가 벌을 주는 방식으로 아이를 가로막는 것은 불에 대해 심한 두려움을 갖도록 만든다. 엄마가 불에 가까이 가지 말라고 아이를 때린다면, 아이는 불에 대한 두려움이 아니라 벌에 대한 두려움 때문에 자신의 욕망을 억누른다.

그러다 어느 날 우연히 주위에 아무도 없는 환경에서 아이가 불을 접하게 되면, 아이는 불에 다가간다. 아이는 비로소 불의 성질을 배우게 되지만 불에 대한 공포심은 여전히 남는다. 아이는 불과 관련된 악몽을 꿀 수도 있고, 밤에 엄마가 곁에 없으면 심한 공포감을 느낄 수도 있다. 엄마를 두려워하는 마음은 여전히 있어도 말이다. 체벌이 엄마와 아이 사이를 갈라놓은 것이다. 아이의 마음속엔 불신의 씨앗이 뿌려진다. 아이는 엄마가 불에 대한 진실을 가르쳐 주지 않고 속여 왔다고 생각한다. 엄마가 불의 성질을 말해 주지 않은 아이는 '불은 뜨겁지 않다'고 말한 것으로 받아들여 엄마가 하는 말이 진실하지 않다고 의심하기 시작한다. 이러한 엄마에 대한 의심은 훗날 아이의 성격에 큰 영향을 미친다.

불과 관련된 이런 욕망을 벌로 다스릴 때 어떤 악영향이 미치는지 또 다른 실제 사례가 있다. 한 번은 불에 대해 강박관념을 갖고 있는 일곱 살짜리 엘시를 상담했다. 엘시는 부유한 집안의 외동딸이었는데, 엄격한 부모는 그녀의 모든 행동을 조직적으로 교육시켰다. 하지만 엘시가 불에 집착하는 것을 막기란 불가능했다. 부모는 엘시가 성냥이나 불 근처에 얼씬도 못하게 모든 종류의 벌은 다 써 보았지만, 오히려 불에 대한 욕망을 키우고 거짓말하는 꾀만 늘게 만들었다. 마침내 화재로 집이 타버릴지도 모르는 심각한 상황에 처하게 되었다. 나는 그 부모에게 아이의 불놀이를 인정하고 오히려 불놀이를 할 수 있게 해 주라고 권고했다. 엘시와 함께 방화복을 만들어 엘시가 그것을 입고 마음껏 불장난을 하도록 했다. 엘시에게 성냥 한 통을 주면서 오후 내내 성냥을 갖고 놀아도 된다고 하고서 놀이방에서 혼자 놀 수 있게 해 주었다. 그러자 불에 응어리진 엘시의 마음이 다 풀렸다. 엘시는 성냥 두 개를 켜 보고는 성냥을 밀쳐 두고 다른 장난감을 갖고 놀았다.

이 사례는 객관적인 사실만을 서술했는데, 아이의 욕망이 어떻게 발산되고 해소되는지 심리학적 관점에서 쓴다면 책 한 권 분량이 넘을 것이다. 아이들을 어떻게 대할지 적절한 방법을 모르거나 아이들의 심리에 대해 무지한 부모들은 '아이가 하고 싶은 대로 두기'보다는 자기들이 교육받아 온 방식 그대로 따라야 무리가 없을 거라 생각한다.

내가 상담한 또 다른 사례로 여섯 살 남자아이의 경우가 있다. 그 아이의 엄마는 우울증에 시달리고 있었는데, 늘 불장난을 하려는 아들 때문에 걱정이었다. 엄마의 불안은 강박증이 되어 아기가 눈앞에 없으면 안절부절 못했다. 그 엄마를 치료하기 위해서는 불장난을 하고 싶어 하는 아이의 욕망을 치료해야 했다. 그동안 아이에게는 엄격하게 금지시켜 온 불에 대한 욕망이 너무나 깊이 쌓여 있었다. 문제를 해결하기 위해 나는 벽난로 옆에서 아이와 함께 놀았다. 곧 빨갛고 뜨거운 석탄 한 개가 밖으로 튀자 아이는 냉큼 달려가 그것을 주우려고 했다. 내가 먼저 손을 뻗어 석탄을 쥐자, 화상으로 작은 물집이 생겼고, 나는 고통스러운 척 과장해서 소리를 질렀다. 아이는 이 과정을 흥미롭게 지켜보다가 조심조심 석탄에 손을 대어보고 역시 작은 물집이 생겨 아프다고 소리를 질렀다. 이 한 번의 경험은 아이에게 6년 동안 불에 다가가지 못하게 하면서 가르친 것보다 훨씬 많은 것을 가르쳤다. 물론 아이에게 불을 처음 접할 때 손가락에 화상을 입게 할 필요는 없지만, 이 아이의 경우는 억눌려진 욕망이 너무나 컸기에 그 경험 또한 강렬해야만 했다.

풋사과를 먹고 싶어 하는 욕망의 예도 있다. 세 살난 아이가 배탈이 난 사례를 살펴보자. 서너 시간 전 간식 시간에 아이는 케이크를 지나치게 많이 먹었다. 케이크는 불에 대한 욕망과는 달리 먹는 동안 즉각적인 즐거움을 주기에 아이는 그 양을 조절하지 못하고 보이는 대로 먹어 배탈이 나고 말았다. 아이에겐 케이크 때문에 배가 아프다는 사실을 이해하도록 도와주는 일이 필요했다. 만일 아이가 신뢰할 만한 관계의 어른이 있다면, 쉽게 스스로 자제할 수 있게 된다. 하지만 이미 다른 일로 벌을 주거나 윽박지르며 야단을 쳐 아이가 엄마를 믿지 못하게 된 관계라면 엄마가 하는 말은 들으려 하지 않을 것이다. 그렇게 된다면 아이는 비슷한 상황을 여러 번 겪으면서 바로 그 관계를 터득하게 될 것이다. 한편, 엄마가 케이크를 못 먹도록 숨기거나 너무 많이 먹는다고 벌을 줄 경우 케이크를 먹고 싶은 마음은 오히려 비정상적인 갈망으로 발전되어 탐욕스런 식욕을 갖게 만든다. 케이크를 감추는 일은 도둑질을 하게 만들 수도 있다. 배고픔은 선천적인 것이고 반복되는 것이기 때문에 무의식적인 과정에 따라 도둑질할 충동을 일으킨다. 음식뿐 아니라 다른 물건들까지도 훔치려고 할 수 있다. 병적인 도벽은 이러한 무의식적인 과정에서 생겨날 수도 있다.

마지막 욕망의 예시인 담배에 대해서는 또 다른 접근이 필요하다. 청소년기에 접어들면서 담배를 피우는 이유는 케이크처럼 식욕에 의한 것이 아니다. 신체 기능적으로 담배가 필요한 것도 아니며 선천적인 욕망도 아니다. 담배에 대한 욕망은 심리적인 원인으로 생겨나며, 그 이유 때문에 피우게 된다. 아이의 일차적인 갈망은 담배가 아니라 '자유'에 있다.

오랫동안 부모나 교사들에 의해 억압당하거나 벌을 받아 온 한 소년이 있다. 자기가 하고 싶은 것을 할 수 없었던 그 아이는 벌을 안 받아도 되고 저녁식사도 못한 채 방으로 쫓겨나는 일도 없는 어른이 빨리 되고 싶었다. 아이는 오직 시간이 흘러야만 어른이 된다는 것을 알지만 자기가 어른이 되었다고 극적으로 표현할 수 있는 방법으로 담배를 선택한다. 아이에게 담배는 자유의 상징이다. 흡연은 어른들이 금지시키고 있는 것이기에 더욱 더 그렇다. 단순한 호기심으로 흡연을 한 아이들은 원만한 관계에 있는 부모나 교사들이 담배가 신체적으로나 정신적으로 해롭다는 구체적인 설명을 하면 쉽게 동의한다. 이후엔 스스로 담배에 대해 자기 자신을 통제할 수 있다.

만일 교사가 벌이 어떤 영향을 주는지 모르고 여전히 체벌을 하고 있다면 그 아이는 아마도 조직화된 권위에 맞서 계속 투쟁할 것이다. 그러한 권위는 아이를 교도소로 보내기도 하고, 결국 아이를 무력한 인간으로 만들기도 한다.

나는 지금까지 하나의 거대한 주제를 피상적으로만 더듬어 왔을 뿐이다. 셸리의 권위에 대한 정의를 제대로 이해한 사람이 있다면 마음속에 하나의 변혁이 일어나기 시작할 것이다. 그 변혁은 아이를 대하는 부모와 교사들에게 영향을 미칠 것이다. 그때야 마침내 창조적 충동인 사랑이 우리 사회 구조의 밑바닥에 깔린 두려움보다 훨씬 더 깊고 강한 인간의 본능이라는 것을 모두가 알게 될 것이다. 결국 '사랑은 생명과 같은 말'이라는 셸리의 말을 깨닫게 될 것이다.

파괴적인 에너지 전환시키기

정신의 퇴행 역시 역동적이라는 사실을 결코 잊어서는 안 된다. 정신에너지는 결코 파괴될 수 없고, 우리가 할 수 있는 것은 다만 그 방향을 바꾸는 것일 뿐이다. 우리의 모든 일상 행동은 인간의 궁극적인 목적이라 할 '자기 완성'과 연결되어 있고, 또 과거에 좌절된 목적이 있을 경우 그것과도 연결되어 드러난다. 이는 자기 완성으로 나아가는 길을 방해하고 결과적으로 정신에너지를 '퇴행'으로 향하게 만들기도 한다. 인간 생활은 이 두 역동적인 힘들 사이의 갈등이라고 할 수 있다.

예를 들어 아이가 귀중한 책을 찢었다고 아버지가 매로 때린다면 그 아이는 책에 대한 무의식적인 혐오감을 가질 수도 있다. 매로 인한 고통은 종이를 찢으려는 욕망뿐 아니라 책에서 어떤 것을 받아들이는 것도 막아 버린다. 이것을 피하는 방법은 여러 가지가 있다. 우선 그 아이가 다니는 길에 책을 놓아두어서는 안 된다. 그에게는 파괴가 자연스러우며 정당한 것이다. 책을 찢는 소리가 힘을 상징하는 한, 아이는 책을 찢을 것이다. 만일 아이에게 마음대로 할 수 있는 헌 종이를 많이 준다면 그 아이는 종이 찢는 소리와 찢어진 종잇조각에 더 이상 흥미를 느끼지 않을 때까지 며칠 동안 계속 찢을 것이다. 그리고 찢고 싶은 욕망이 가라앉았을 때 비로소 스스로 책과 관계를 맺게 될 것이고, 위험한 응어리가 형성되는 것을 피할 수 있을 것이다.

이러한 무의식적인 결합은 종종 일어나 교사들은 자기 학생들에게서 나타나는 퇴행 현상들 때문에 자주 당황할 것이다. 일반적으로 교사들은 학생들을 말썽꾸러기라고 단정짓고 그를 착하게 만들기 위해 어떤 식으로든 벌을 준다. 그러나 공포라는 것은 지금까지 결코 누구도 선하게 만들지 못했다. 오히려 공포는 아이들을 우둔하게 만들고 종종 반사회적이며 범죄에 빠지게 만든다.

이른바 비행 청소년의 문제는 무의식적인 정신에서 생기는 이런 문제들을 해소하는 것이다. 왜냐하면 범죄란 아동기의 초기 단계부터 남아 있는 고정된 에너지이기 때문이다. 범죄 행위의 목적은 완성이 아니고 퇴행이다. 이제 모든 계획된 비행은 조심스러운 분석으로 그 뿌리를 찾아낼 수 있으며, 나는 거의 모든 비행 청소년들이 자유와 격려의 분위기 속에서 자신의 어려움을 해결할 수 있다는 사실을 발견했다. 때때로 특별한 도움과 특수한 지식이 필요할 때도 있지만.

리틀 코먼웰스(Little Commonwealth. 호머 레인이 운영한 공동체 학교.

자세한 소개는 143쪽 참조)에 제이슨이라는 열여섯 살 난 활달한 남자아이가 있었다. 그는 북부지방 도시 출신이었는데 그곳에서 교정 불능의 부랑아로 경찰에 잘 알려져 있었다. 또 상금이 걸린 권투시합의 소년 선수로 이름을 날려서 권투 애호가들 사이에 '어린 강편치'로 알려져 있었다. 제이슨은 야간 침입 절도를 시작한 초기에 리틀 코먼웰스로 보내졌으나, 코먼웰스에서는 그런 능력은 쓸모가 없었으므로 그는 별로 나아지지 않았다.

제이슨의 주요한 특징은 단정함에 대한 혐오였다. 넥타이를 매고 구두를 깨끗이 닦는 것이 여자 같은 짓이며 매우 나약한 짓이라고 생각했다. 코먼웰스 생활에 재미를 못 느끼고 여러 번 도망쳤지만, 그때마다 붙들려서 다시 되돌려 보내지곤 했다. 그는 단지 용돈을 벌기 위해 힘든 노동을 할 뿐 공동체 작업에는 전혀 관심이 없었다. 나는 여러 번 목공일이나 벽돌 쌓기에 흥미를 느끼게 해 보려고 노력했지만, 단지 완력이 요구되는 일에만 관심을 가졌다. 코먼웰스 시민들은 제이슨을 '난폭한 친구'라고 불렀으며, 그는 이에 만족스러워했다.

제이슨은 자신의 권투선수 같은 자세와 허풍스런 태도에 감탄하는 소년들을 조금씩 주위에 끌어 모았는데, 이윽고 걷잡을 수 없을 정도가 되어서 제이슨을 위해 교도소를 짓자는 제안이 나올 지경에 이르렀다. 제이슨이 코먼웰스의 시민법과 벌칙을 무시하는 것을 자랑스럽게 여겼기 때문이다.

나는 제이슨의 특징을 면밀히 살펴본 결과, 폭력을 이상으로 여기며

> 이 아이는 권위와 노골적으로 충돌하고 있었다. 거친 겉모습은 단지 그가 부끄러워하는 온순한 본성을 감추기 위해서 쓰고 있는 껍데기였고, 그것은 어린 시절 거칠게 다루어졌던 경험에 의해서 억지로 덮어씌워진 것이었다.

자기에 대한 나쁜 평판을 자랑스럽게 생각하는 이 겁 없는 싸움꾼 허풍쟁이 속에는 어린아이들과 동물에 대한 따뜻한 마음이 숨겨져 있음을 알았다. 이 아이는 권위와 노골적으로 충돌하고 있었다. 거친 겉모습은 단지 그가 부끄러워하는 온순한 본성을 감추기 위해서 쓰고 있는 껍데기였고, 그것은 어린 시절 거칠게 다루어졌던 경험에 의해서 억지로 덮어씌워진 것이었다. 마침내 그가 무의식적인 굴레에서 해방될 수 있는 기회가 생겼다.

제이슨이 또 다시 도망치려다 붙들려 온 이튿날 오후에, 나는 차를 마시면서 곁에 앉아 있었다. 제이슨은 매우 뚱해 있었고 기분이 언짢았으며, 자기를 즐겁게 해 주려는 나의 노력에 전혀 반응을 보이지 않았다.

"무슨 일 있어, 제이슨?" 하고 내가 물었다

"흥, 더러워서!"

제이슨은 시무룩하게 대답했다.

"도대체 뭐가 잘못되었다는 거니?"

"나도 몰라요, 모든 것이요. 이곳은 너무 계집애 같고 시시해요."

"좋아. 그럼 넌 왜 뛰쳐나가지 않지? 또 도망을 가지 그래?"

"소용없어요. 난 항상 잡히거든요."

제이슨은 절망적인 표정으로 대답했다.

"그럼 왜 뭔가 새로운 걸 해보려 하지 않니? 넌 친구들을 끌어모았잖아. 그 아이들을 조직해서 다음 번 임원선거를 제패하면 어때? 코먼웰스를 네 맘에 들게 모든 것을 뜯어 고쳐 보지 그래?"

제이슨은 의심스러운 표정으로 나를 쳐다보았다. 내가 자기를 놀리는가 하면서.

"난 여기서 도망치고 싶어요. 그렇게 할 거예요." 하며 제이슨이 대들 듯이 선언했다.

이것이 기회였다. 그는 하나의 소망을 표시하고 있었다.

"그럼 맨 먼저 뭘 할 거지?" 하고 내가 물었다.

퇴행의 불행은 무의식적인 정신에 그 원천을 두고 있기 때문에, 이것은 그에게 매우 어려운 문제라는 것을 나는 알고 있었다.

제이슨은 내 질문에 대한 답을 찾으려고 애쓰느라 얼굴이 붉어졌다. 그리고 그를 존경하는 친구들이 그 대화에 흥미를 느끼면서 식탁 앞에 앉아 그를 바라보고 있는 동안 어떤 영감을 찾아내기 위해 초조하게 방안을 둘러보았다. 마침내 제이슨은 혼란 속에서 눈을 아래로 떨어뜨렸는데, 그때 마침 찻잔과 받침접시가 그에게 영감을 주었다.

"나는 이 장식 많은 찻잔을 부숴버릴 거예요." 하고 그가 선언했다.

"그건 왜?"

내가 부드럽게 물었다.

"이건 여자들이나 점잖 빼는 애들을 위한 거예요. 도대체 누가 이런 것들을 원한단 말이에요?"

밝게 채색된 유리잔을 움켜잡으면서 제이슨은 경멸조로 말했다.

"좋아, 그건 쉬운 일이지."

나는 명랑하게 말하고는 되물었다.

"왜 그것들을 부숴 버리지 않니?"

제이슨은 자기가 궁지에 몰렸다고 느꼈기 때문에 화가 났다.

"지금 저더러 잔을 깨뜨리라고 말하는 거예요?"

그가 위협적으로 물었다.

"물론! 나는 네가 여기 코먼웰스에서 행복하기를 바라니까. 만약 그걸 깨뜨리는 게 널 행복하게 해 줄 수 있다면 어서 그렇게 해."

나는 은근하게 얘기했다.

"내게 도전하지 마세요. 그렇지 않으면 난 정말 그렇게 할 거예요."

제이슨이 위협하듯이 말했다.

나는 난롯가에서 부지깽이를 집어 테이블 위에 놓으면서, "그건 네게 달려 있어." 하고 말했다.

"어서 해, 제이슨. 깨 버리라니까."

테이블 반대쪽에서 한 아이가 흥분해서 소리쳤다.

제이슨은 그 부지깽이를 움켜쥐고 잔을 내리쳐서 산산조각을 냈다. 그의 친구들이 환호성을 질렀다.

"자, 이건 참 현명한 일이야. 네가 좋아하지 않는 것들에 대해 불평만 하는 건 좋지 않아. 항상 무언가를 개선하려고 노력해야 하는 거야."

그러고는 내 찻잔과 받침접시도 제이슨 앞에 내밀었다.

"여기 또 있어."

제이슨은 다시 부지깽이로 내리쳤다.

"또…."

다시 부지깽이로 내리쳤다.

"또…."

그것도 마저 깨버렸으나 이제 제이슨은 괴로운 듯이 보였다. 찻잔과 접시뿐만 아니라 마음속의 응어리도 부숴버린 것이다. 다른 시민들이 불평하는 속삭임이 들려왔다.

"선생님이 제이슨이 저렇게 하도록 만드셨어요." 하고 다같이 나를 비난했다.

"그래, 나는 제이슨이 코먼웰스를 개선하는 걸 돕고 있는 거야. 그러면 제이슨은 여기 있는 걸 좋아하게 될 거야." 하면서 나는 또 큰 접시 하나를 제이슨에게 내밀었다.

"제이슨, 계속해. 저 녀석들일랑 상관 말고."

별로 마음이 내키지 않는 듯이 제이슨은 "이건 받침접시도 아닌데 깨라고 하시는군요." 힘 없는 목소리로 말하면서 다시 접시를 내리쳤다. 물건들을 때려 부숨으로써 권위를 부수고 싶은 무의식적이고 비합리적인 욕망은 이제 녹아서 사라졌다. 식탁 위에 쌓여 있는 깨진 접시조각 더미는 제이슨의 어린 시절부터 그를 사회의 귀찮은 존재로 만들었던 환상들 가운데 하나를 상징하고 있었다.

제이슨은 물건들을 파괴하는 것이 허락된 경우에는 그 일이 아무런 재미가 없다는 위대한 진리를 무의식적으로 배웠기 때문에 분명히 고통스러웠다. 이어 제이슨의 친구들이 그를 구출하러 왔다. 친구들은 제이슨한테서 부지깽이를 빼앗고는 식탁에서 멀리 밀쳐냈다. 그들은 제이슨을 자극한 나를 비난하면서 제이슨을 보호하기 위해 붙들었다. 그러면서 소리쳤다.

"게다가 이 접시들은 우리 가족 모두의 소유예요. 선생님은 제이슨에게 이걸 깨뜨려 버리라고 할 권리가 없어요."

그건 사실이었다. 하지만 내가 놀란 것은 제이슨이 그의 용기를 회복했다는 사실이다. 이제 그는 자신의 눈에나 추종자들의 눈에나 승리감으로 넘치는 영웅이었다. 상황은 내가 예견했던 것보다 아슬아슬했고 훨씬 더 복합적이었다. 나는 더 어려운 심리학적인 문제를 해결해야 한다는 것을 깨달았다. 왜냐하면 제이슨과 그의 추종자들 사이에서 매우 중요한 역할을 하고 있는 집단적 이상이 새로운 정신적 응어리로 나타났기 때문이다. 제이슨은 이제 그의 분별없는 대담함 덕에 곧 한 명의 영웅이 되었으므로 문제가 여기서 그대로 끝난다면 결과는 심각해졌을 것이다. 나는 그 상황을 받아들였다.

"너희들이 옳아. 접시에 대해서는 정말 미안하다. 그건 내가 물어내겠어. 내가 생각하기엔 제이슨은 아마도 좋은 접시들 때문에 코먼웰스를 싫어하는 것 같았거든." 하고 나는 식탁에서 일어나면서 말했다.

"그게 아니에요. 선생님이 내게 도전했어요. 나는 도전은 항상 받아들여요. 난 겁쟁이가 아니거든요." 하고 제이슨이 말했다.

"맞아요, 맞아!"

다른 아이들이 같이 맞장구를 쳤다. 나는 이것이 사회에 나쁜 영향을 끼칠 수 있는 가장 위험한 정서 가운데 하나이며, 이는 또 국가 간의 전쟁을 유발시키는 기제라는 것을 알았다.

"나는 네가 성취한 것을 보고 싶어. 나는 결코 그런 의미에서 비겁이라고 생각지 않았어. 그건 재미있는 일이지. 여기 내 시계가 있어. 이것도 부숴 봐, 제이슨."

나는 즐겁게 말하면서 시계를 제이슨 손에 쥐어 주었다. 제이슨은 시계를 바라보며 친구들의 불안에 찬 얼굴들을 둘러보았다. 잠시 후 그의 표정이 절망으로 바뀌었다. 그는 마치 난로 위에 던져 버리려는 듯이 시계를 치켜들고서는, 마지막 순간에 내가 권위를 행사하여 자신의 행동을 취소시켜 잘못된 승리감을 맛보도록 해 주기를 바라면서 나를 쳐다보았다. 그 순간의 주저가 감추어져 있던 건전한 제이슨을 표면에 나타나게 했다. 그는 손을 내려 시계를 식탁 위에 놓았다.

"아뇨, 나는 선생님 시계는 부수지 않을래요."

그는 자기가 당황한 것을 감추기 위해 매우 너그러워지려고 애쓰면서 말했다. 그룹의 긴장도 구원감과 함께 해소되었다.

"하지만 나는 지금 네게 도전했는데!"

"아뇨, 나는 하지 않겠어요."

제이슨은 날카롭게 대꾸했다.

"하지만 넌 겁쟁이가 아니야." 하고 내가 다시 부추겼다.

제이슨은 자기가 궁지에 몰렸다는 것을 알았다. 그의 표정은 오래 전 냉혹한 주변 환경에 의해 그에게 덮어씌워졌던 허풍선이 같은 성품과 어린 시절의 온화한 성품 사이에서 일어나고 있는 내적인 갈등을 보여 주고 있었다.

그때 친구 하나가 손을 잡아끌면서 말했다.

"자! 나가자, 제이슨."

두 사람이 방을 떠났을 때 그 자리에 함께 있던 시민 그룹에 인상적인 침묵이 흘렀다. 익살꾸러기 빌이 "이제 일은 끝났어." 하고 단호하게 말했을 때에야 침묵은 깨졌다.

실제로 일은 끝났다. 그리고 다음날 아침, 제이슨은 사무실에 나타나 목공소에서 일할 수 있는지를 양처럼 온순하게 물었다.

"웬일이니, 제이슨? 네가 목공일을 배우려 하다니?"

내가 물었다. 제이슨은 당황해서 얼굴이 붉어졌다. 그리고는 미소를 지으며 익살스럽게 눈을 깜빡이면서 신뢰하는 태도로 말했다.

"나는 선생님이 어젯밤에 제게 부수라고 한 접시 값을 물어내기 위해 돈을 벌어야 하거든요."

제이슨은 코먼웰스에서 가장 훌륭한 목수가 되었으며, 마침내 시민법정의 판사로 선출되어 뛰어난 능력으로 재판을 진행하였다. 이윽고 나이가 들어 군에 입대한 뒤에는 휴가를 언제나 코먼웰스에서 보냈다. 1차 세계대전 때 프랑스에서 그가 전사했을 때 우리 사회는 소중한 한 구성원을 잃은 셈이었다.

나는 어린이에게 설령 반사회적 경향이 드러난다 하더라도 교육적인 방법으로 이를 해소시키는 길을 보여 주기 위해 지금까지 이 복잡하고 특별한 사건을 자세히 설명했다. 파괴적인 행동에 쓰이는 에너지는 언제든지 창조적인 에너지로 전환될 수 있다. 비록 소년원에 오래 갇혀 있어서 때때로 그 에너지가 공포로 억압될지는 모르지만, 난폭하고 억압적인 수단으로 파괴적 에너지를 그렇게 전환시킬 수는 없다. 교정의 문제는 정신의 에너지를 파괴하는 것이 아니라 그것을 사회연대로 전환시키는 것이다.

거짓 권위와 참된 권위

몇 년 전, 상점에서 물건을 훔친 혐의로 잡혀온 팀이라는 소년의 재판이 열리는 런던 아동법원에 간 적이 있다. 나는 판사 옆에서 재판과정을 지켜보았는데 팀의 이전 기록들은 나쁜 내용이 많았다. 이제 열다섯 살인 팀은 2년 동안 집행유예 상태였는데, 처음엔 단순히 무단결석을 하던 아이가 도둑질도 하면서 상황이 점점 나빠지고 있었다. 팀은 나쁜 짓에 무감각해지고 좋은 길로 인도하려는 사람에게 냉담한 비행 청소년이었다.

재판이 진행되는 동안 팀이 보인 유일한 감정 표시는 판사가 판결을 선고하면서 그를 유죄로 인정할 수 있는 어린 범죄자라고 불렀을 때였다. 그때 팀은 피고인석에서 눈을 치켜뜨고 경멸에 가득 찬 눈으로 판사를 바라보았다. 법정에서 팀과 관련 있는 사람들이 진술을 할 때나, 가게 점원들이 팀의 행패에 대해 설명할 때도, 팀은 무뚝뚝한 표정으로 듣고만 있었다. 팀의 어머니는 흐느끼면서 아들을 소년원에 보내는 데 동의했다. 판사는 팀을 코먼웰스로 보내도록 판결을 내리면서 원장인 나의 권위에 절대 복종할 것을 명령했다. 이 같은 광경은 팀이 코먼웰스 시민이 되기에 적절한 출발이라고 할 수 없었다. 재판이 끝나고 팀과 어머니는 대기실로 갔다. 근심에 가득 찬 어머니는 반쯤 정신이 나간 모습이었다. 팀은 어머니에게 관심 없는 듯 차갑게 서 있었지만, 어머니와 내 얼굴을 슬쩍 둘러보면서 증오심과 두려움으로 가득 찬 눈길을 보냈다. 나는 팀에게서 어머니를 향한 사랑이 억눌려 있음을 볼 수 있었다.

팀을 만나 왔던 어른들(경찰, 판사, 아버지)은 올바른 권위를 사용하지 않았다. 그들은 팀과 같은 아이들이 올바른 행동을 하도록 두려움과 벌에 전적으로 의존했다. 아이들의 본성에 대한 연구 결과에 비추어 나는 팀을 코먼웰스에 오게 하는 방법으로 팀의 내면에 있는 강한 권위를 이용하기로 했다. 다른 사람이 어찌할 수 없는 아이 내면의 절대적인 양심의 권위는 수갑이나 물리적인 힘보다 훨씬 강한 것이다. 그를 훌륭한 시민으로 바꾸는 책임이 내게 위임되었으므로 나는 당장 그 책임을 수행하기로 마음먹었다. 나는 우선 팀의 마음속 주인이 누구이며 올바른 권위에 대한 복종이 무엇인지 알게 해야 했다. 그러기 위해 여러 해 동안 팀의 마음에 누적되어 온 반항과 증오의 감정에 일격을 가할 자극을 주어야 했다.

"어이, 팀! 자네 어머니를 집에 모셔다 드리고 내일 코먼웰스로 오게.

패딩턴에서 9시에 떠나는 기차가 있고 그 다음은 1시에 있어. 에버셔트로 가는 차표를 끊어야 하네. 나는 1시 기차를 탈 생각인데 만일 자네도 그 기차로 가게 되면 나와 함께 역에서 코먼웰스까지 자동차를 타고 갈 수 있어. 그보다 빨리 가면 길을 물어보게. 역 이름을 잊지 않도록 해. 에버셔트야."

그리고서 나는 그에게 기차표를 살 수 있도록 1파운드짜리 금화 한 개를 주었다. 이렇게 말하는 동안 팀은 나를 연구하는 듯한 태도를 보였다. 처음에는 의아해하더니 말을 마칠 즈음엔 자기를 '연행'해 가지 않을 것이란 걸 알았다. 내가 그의 손에 돈을 쥐어 주자 그는 믿기지 않는 듯 놀란 표정으로 나를 보았다. 내가 문 쪽으로 돌아섰을 때, 팀은 어머니를 바라보고 있었고, 풀이 죽은 듯 맥 빠진 모습을 하고 있었다. 팀은 어머니에게 한 발 한 발 옮겨가면서 숨을 천천히 쉬었다. 이제까지의 강제와 불신의 권위에서 순간적으로 해방되자 그 내면에 숨어 있던 참된 권위가 올라온 것이다. 내가 문을 열려고 손잡이에 손을 대었을 때, 팀은 사랑스럽고 부드러운 목소리로 "어머니, 이리 오세요." 하고 불렀다. 두 사람 얼굴에 나타난 표정은 오랜 시간 무의식 속에 감춰진 수많은 일들이 해소된 듯한 표정이었다.

그 다음날 패딩턴에서 출발한 1시 기차가 에버셔트에 도착했을 때 팀은 기차에서 내렸다. 내가 그를 맞이하자 반갑게 웃으면서 기차표를 사고 남은 잔돈을 내게 돌려주며 "기차표는 16실링 6페니였어요." 했다. 나는 잔돈을 세어 주머니에 넣으며 "계산이 맞네." 하고 말했을 뿐이다.

이런 장면은 팀이 돈에서 해방되는 데 중요한 요소가 된다.

그 뒤 교사인 한 친구와 이 사건에 대해 이야기를 나눈 적이 있다. 그 친구는 아이의 행위에 영향을 미친 것은 나의 '인격' 때문이라고 말했다. 지도하는 사람의 '인격'이 얼마나 큰 영향을 미치는지에 대해 계속 이야기했다. 그는 이 사건의 핵심을 보지 못하고 있었다. 그는 "모든 사람이 다 아이들에게 그런 영향을 줄 수 있는 건 아니야. 자네가 대단했기 때문에 가능한 일이지." 하고 힘주어 말했다. 그는 '인격'이라는 말을 다른 사람의 의지에 영향을 주는 일종의 최면력 같은 의미로 사용했다. 그의 견해에 따르면 훌륭한 인격은 교사들이 갖추어야 할 바람직한 자질이며, 그 인격을 이용하여 아이들을 지도하면 많은 어려움들을 해결할 수 있다고 했다. 나는 이 사건이 다른 차원의 문제라는 것을 깨우쳐 주려고 노력했다. 그것은 교사의 인격에 달려 있는 것이 아니라 아이의 억눌림을 해소시켜 주는 데 초점이 있다는 사실을 말해 주고 싶었다.

"그것이 어느 정도든 남에게 복종하고 시키는 대로 하게 만드는 것은 이미 그 아이의 사기를 꺾는 것이야. 범죄 청소년들은 타락한 아이들이 아니야. 그렇다고 얌전하게 학교에 다닐 만한 아이들도 아니지. 그 애들은 나쁜 행동을 하겠지만, 그것은 누군가 그 아이들에게 소위 '인격'이라는 권위로 아이들을 복종시키려고 한 결과일 뿐이야. 아이들은 스스로 내면의 권위를 찾지 못하고 외부의 권위에 복종하려다 보니 그런 현상들이 나타나게 된 것이지."

"하지만 자네는 팀에게 영향을 주었지 않나! 자네는 그 아이에게 자네의 의지를 내세운 게 아닌가!"

"아니야, 난 그렇게 하지 않았어. 단지 그 애 자신의 억압된 힘을 풀어 준 것 뿐이야. 폭력적인 아버지와 경찰관, 보호관찰감, 판사들이 좌절시킨 아이의 의지와 힘을 불러일으켜 스스로 행동할 수 있도록 도와준 것뿐일세. 팀이 에버셔트 역에서 내게 잔돈을 돌려주며 자랑스럽게 지은 그 미소는 증오와 두려움으로 판사를 노려보고 있는 눈빛과 같은 의미일세. 놀랍게도 노려보는 것과 미소는 감수성이 예민한 아이들에겐 똑같은 의미라네. 서로 다른 두 행동은 내면의 같은 곳에서 나타나는 표현이지. 팀의 행동은 그의 앞에 서 있는 다른 상황의 상대에게 그가 본 것을 표현하는 단순한 반영일 뿐이야."

"이젠 내가 말해 볼까?"

친구는 참을성 있게 말을 건넸다.

"팀은 단지 도시 빈민가가 만들어 낸 결과물일 따름이야. 그 애의 아버지는 난폭한 술주정뱅이였고, 어머니는 너무나 병약하고 울기만 하는 여자였어. 결국 그 애는 부모가 어떻게 손을 쓸 수 없었고 망나니처럼 행동하게 된 거야. 곁에서 지도하고 이끌어 줄 확실한 사람이 없는 빈민가 아이들이 다 그렇듯이 남의 물건에 손을 대기 시작하고 점점 더 타락해 가게 되지. 그래서 우리 사회는 그런 소년을 위해 소년원을 만들고, 성인 범죄자들을 교화하기 위해 교도소를 만들지. 또 한편으론 모든 수단과 방법으로 그들을 사회의 올바른 일원으로 만드는 데 실패했기에 그들을 가두고 제약을 가하기 위해 소년원에 보내기도 하지. 하지

❝ 내게 잔돈을 돌려주며 자랑스럽게 지은 그 미소는

증오와 두려움으로 판사를 노려보고 있는

눈빛과 같은 의미일세.

놀랍게도 노려보는 것과 미소는

감수성이 예민한 아이들에겐 똑같은 의미라네.

서로 다른 두 행동은

내면의 같은 곳에서 나타나는 표현이지. ❞

만 일단 그 아이가 그렇게 된 전적인 책임이 그 애에게만 있는 것은 아니니까 친절하게 대해야만 하겠지. 아마 언젠가 자네가 그 애를 착하고 올바른 시민으로 만들어서 내보낼 때가 올 테고, 그때까지 그 아이에게 필요한 건 훈련뿐이야."

"자네 말이 맞다고 하면 왜 이 어린 범죄자가 자발적으로 소년원에 왔겠나?"

"그건 자네의 인격 때문이지. 자네는 어쨌든 그 아이를 자네의 영향력 아래 두는 데 성공했어. 자네는 불량 청소년들을 지도하는 방법을 터득했어. 그게 전부일세."

그는 자기의 주장이 옳다고 확신하며 말했다.

"난 항상 똑같은 방법으로 아이들을 코먼웰스에 데리고 왔어. 한 번도 실패한 적이 없었지. 아이들의 본성 속에는 신임과 신뢰를 따르는 어떤 기질이 있음이 틀림없어."

"그건, 자네의 인격이나 상담술, 하여튼 자네의 능력 때문일 뿐이야. 게다가 그 애가 자네의 지시대로 따라왔다는 것은 사실 얼마만큼은 행운이라고 할 수도 있어. 만일 지금 내가 그 소년에게 1파운드를 주면서 '나는 네가 혼자서 갈 것을 믿는다'고 말했다면 그 애는 아직도 런던에서 상점을 털고 있을지 몰라."

"나는 그 애에게 신뢰에 관한 이야기는 한 마디도 안 했네."

"하지만 자네는 그 아이를 믿었던 거야."

"그래, 그렇지만 내가 그 애에게 '나는 너를 믿는다'고 말했다면 아마

거짓 권위와 참된 권위

도 그 애는 내가 자기를 믿지 않는다고 생각했을 거야. 그러면 안 왔을 지도 모르지. 어떤 사람이 다른 사람에게 '나는 너를 믿는다'고 말하면 그 말은 의심하고 있다는 암시가 되거든."

"그건 새로운 견해군. 하긴 때때로 내가 교실을 비울 때 아이들에게 '내가 없을 동안 잘 하고 있으리라 믿는다'고 말하면 아이들은 보통 나의 신뢰를 이용해서 조금씩 떠들어대지. 물론 심하진 않지만 말이야. 애들은 역시 애들이야."

내가 가장 사랑하고 깊이 연구하여 찬양하고 싶은 아이들의 정신세계를 묵살해 버리는 친구의 태도에 나는 화가 났다.

"자네 반 아이들은 말을 잘 듣긴 하지만, 멍청이들이군. 팀 같은 소년들은 활기차고 총명하며 용기에 가득 차 있어. 그들은 사랑이 아닌 다른 어떤 종류의 힘에도 굴복하지 않지. 진정한 사랑은 의심할 여지가 없어. 반면, 복종은 우리 사회에서 덕으로 인정되어 왔지만, 그건 평범한 덕일 뿐이야. 사랑이나 덕은 평범한 사람들이 살아가는 일상적인 기준이지. 어떤 사람들은 미움과 사랑이 모두 '적극적인' 감정의 표현이며, 그 둘은 서로 상반된다고 생각해. 그러나, 실은 그렇지 않아. 미움은 두려움을 불러일으키지만, 사랑은 인간을 가장 존귀하게 할 수 있는 힘이야. 팀이 리틀 코먼웰스에 혼자 온 것은 나의 인격 때문이 아니라 팀에 대한 나의 사랑이 그의 마음을 움직였기 때문일거야. 팀에겐 강한 사랑의 에너지가 있지만, 강요나 억압에 의해 두려움만 커져 갔고, 결국 그 에너지가 나쁜 행동으로 변했던 거지. 팀의 행동은 유년기부터 시작된 자신에 대한 세상의 태도를 반영했을 뿐이야. 팀의 경우엔 사랑과 신뢰만이 그를 원래대로 되돌릴 수 있어. 난 신문이나 광고, 전쟁이나 여러 가지 사건들에 대해 팀과 이야기를 나눠. 팀은 밝고 긍정적이며 적극적으로 나와 대화하지. 나는 만일 교사나 부모가 거창하게 작용 반작용의 심리학이나, 기계적인 보상과 체벌에 대해 연구하기보다 아이들의 행동을 깊이 있게 관찰한다면 소년원이나 전쟁은 필요 없을 거라고 믿는다네."

모든 유기체인 생명은 하나의 소망으로 표현될 수 있다. 생명체의 가장 지고한 형태인 인간은 그 자체가 오랜 과거로부터 축척되어 온 소망을 담고 있는 유기체다. 인간은 우주의 완성을 바라는 소망의 화신이다. 그러므로 인간은 본질적으로 선하며 그 선의 원동력은 바로 사랑이다. 만일 어떤 이가 인류와 우주를 사랑하지 않는다면 그는 자기 본성에 진실하지 않은 것이다. 인간은 사랑하기를 '선택'하는 것이 아니라 무조건 '사랑할 수밖에 없는' 존재다. 다른 사람을 미워하고 증오한다는 것은 그 사랑이 왜곡되어 나타난 것이다. 증오에 찬 행동은 자기 자신을 파괴하고 인류의 행복을 망가뜨려 온전한 우주의 완성을 지연시키는 부자연스런 행위이다. 사랑은 희망에 찬 행위이며, 증오는 두려움에 가득찬 행위이다.

사랑은 인간이 지녀야 할 덕이 아니라, 인간의 본성 그 자체다. 인간은 자신의 소망과 사랑에 순종하면서 완전한 인간으로 진보해 나간다.

유일하고 참된 권위는 오직 사랑이며, 유일하고 참된 훈련은 희망을 갖게 해 주는 것이다. 힘에 근거한 권위는 사랑을 증오로, 희망을 두려움으로 변형시킨다. 만일 인간의 사랑이 인류와 모든 사회로 확산되지 않는다면 인간은 완전하게 행복해질 수 없다. 자기가 속한 사회 이외의 다른 어떤 사회에 대한 불신이나 두려움은 자기의 사회를 증오로 감염시킬 것이며, 그 사회의 조화를 파괴한다. 증오는 개개인을 병들게 하고 결국엔 사회 전체를 병들게 하기 때문이다. 이제 모든 사람은 스스로 선택을 해야 한다. 아무도 사랑을 하도록 강요할 수는 없다. 사랑은 그 자체로 가장 강력한 힘이기 때문이다.

학습의 두려움에서 해방되기

 "질서를 지키시오!"

열네 살 재판관이 준엄하게 소리쳤다. 비행 청소년들의 자치 기숙학교인 코먼웰스에서 매주 열리는 '시민법정'이 개정 중이었다. 이 법정에서 경고를 받은 사람은 학교 교장인 바로 나였다. 나는 재판이 진행 중인 상황에서 큰소리로 웃어 버렸고 영문을 모르는 법정 규칙에 따라 경고를 받았다. 다시 법정의 예의를 지키려는 내 태도를 보고서야 재판관은 계속 재판을 진행했고, 피고 제리는 어떤 판결을 받을지 궁금함과 불만에 가득찬 눈으로 나를 쳐다보고 있었다.

제리는 며칠 전 밤 11시 15분까지 방에 불을 끄지 않고 무엇인가를 하고 있었고, 그 일 때문에 코먼웰스 시민법 위반 혐의로 재판을 받고 있는 중이었다. 재판관이 제리에게 그날 밤 그 시간에 불을 켜고 무엇을 하고 있었느냐고 질문하자 제리는 "수학 공부를 하고 있었습니다." 하고 답변했다. 제리의 답변을 듣자마자 나는 제리와 진행하고 있는 길고 독특한 심리전의 마지막 단계에서 해답을 들은 것 같아 환호성에 가까운 웃음이 터져 버린 것이다.

제리는 '상습적인 무단 결석자'로 6개월 전에 코먼웰스에 왔다. 제리가 다니던 학교는 지진아를 위한 특수학교였는데 '학습 가능성이 매우 낮음'이라는 평가를 받고 있었다. 되풀이되는 벌에도 불구하고, 아니 오히려 되풀이되는 벌 때문에 제리는 어떤 핑계를 대든 학교에 가지 않아 결국 우리 학교에 오게 된 것이다.

제리는 우리 모두에게 버거운 숙제였다. 제리는 게임을 월등히 잘하고, 모든 종류의 공작을 좋아했으며 매우 훌륭하게 공작품을 완성해 냈다. 하지만 교실에서 제리는 심한 열등생이었다. 교실에서 배우는 것을 열망하며 열심히 노력하는 듯 보이는데도 이상하게 전혀 배우지 못하고 있었다. 제리는 단호하고 결의에 찬 얼굴로 교과서를 뚫어지게 바라보며 선생님 말씀을 듣고 있지만 아무것도 이해하거나 머릿속에 기억하지 못했다.

"제리는 지능지수가 낮은가 봐요. 어떤 것을 가르쳐도 이해를 못하네요."

제리의 담임은 제리가 코먼웰스에서 수업을 받은 지 얼마 지나지 않아 그렇게 말했다.

"제리는 열심히 노력하지만, 용기를 잃고 금방 포기해 버려요. 요즘은 교실에 앉아 있는 동안 줄곧 식은땀만 흘리고 있다가, 제가 잠시 다른 아이들을 봐 줄 때, 교실을 빠져나가곤 해요." 하며 당혹해했다.

그러나 나는 제리를 처음 보는 순간부터 그 아이가 좋았다. 명랑하고 붙임성 있었으며, 어디서든 연약한 속내를 비치지 않았다. 제리는 유쾌한 유머감각을 갖고 있었으며, 친구들과 이야기할 때는 늘 재치 있고 재미있는 이야기로 아이들과 어울렸다. 목공반에서 제리는 능숙하고 창의적인 목수였다. 그런 아이가 일단 교실에 들어서기만 하면 전혀 다른 아이가 되어 버렸다. 모든 생기가 사라지고, 아둔하고 무기력한 아이가 되는 것이다. 제리는 선생님께 질문을 받을 때마다 식은땀을 많이 흘려 아이들로부터 '진땀쟁이'라는 별명까지 얻게 되었다.

나는 오랫동안 제리를 관찰한 결과 제리는 자기가 아무것도 배울 수 없기 때문에 학교를 싫어하는 것이 아니라 학교가 너무나 싫기 때문에 아무것도 배울 수 없다는 사실을 알았다. 바로 제리의 무의식에서부터 많은 어려움들이 쌓여 있기 때문이었다. 제리는 학교 공부와 연관된 억압 때문에 고통을 당하고 있어서 교실에서는 그의 신체기능이 아무것도 할 수 없게 만들었다. 그중에서도 수학은 제리가 가장 어려워하고 싫어하는 과목이었다. 수학은 도저히 무슨 의미인지 알아먹을 수 없는 대상으로 제리에겐 수학적 감각이란 것이 전혀 없는 것처럼 보였다. 나는 내 서재에서 여러 번 제리와 함께 수학공부를 해 봤지만, 제리가 사로잡혀 있는 억압과 속박에서 해방시킬 방도를 찾지 못했다. 제리는 연필을 들고 시험지를 뚫어지게 보다가 식은땀을 흘리며 문제를 풀려고 애를 썼지만, 전혀 진전이 보이지 않았다.

그러던 어느 날, 이 문제를 해결할 하나의 실마리를 발견했다. 어느 날 저녁, 제리는 잔뜩 흥분한 얼굴로 내게 와서는 "선생님, 보여 드릴게 있어요. 저랑 같이 가요." 하며 내 소매를 끌어당겼다. 제리는 거실 책상 위에 놓여 있는 수수께끼 퍼즐판을 보여 주며 말했다.

"이 수수께끼 퍼즐을 맞추는 데 한 시간이나 걸렸어요. 우리 학교에선 아무도 이거 못 풀었는데 제가 처음으로 다 맞췄어요."

"네가 수수께끼 퍼즐을 좋아하는지 몰랐구나."

"저도 그렇게 관심이 많은 건 아니었어요. 그런데 버어넘 선생님이 수수께끼를 풀려고 애쓰는 걸 보고 한번 해 보고 싶었어요. 선생님은 클로버 풀 속에다 돼지들을 맞추는 퍼즐을 다 맞추지 못했어요. 그런데 제가 해냈어요."

제리는 아주 기뻐하며 함박웃음을 지었다. 나는 비로소 제리의 무의식 속에 있는 비밀과 왜 그리 학교에서 식은땀을 뻘뻘 흘리며 어려워했는지 알 수 있게 되었다. 나는 수학에 대한 제리의 어려움을 해결해 주기 위해 새로운 방법들을 생각해 내야 했다. 우리 학교에서는 공부를 독려하는 자극으로 상이나 시험, 벌 등의 제제를 가하지 않았으며 과제물도 없었다. 그러기에 많은 소년들은 문제를 풀어 가며 해답을 찾아내는 수학을 좋아했다. 그러나 유별나게 감수성이 예민한 제리는 일반적인 학교 수업 방식에 길들여진 산수에 대한 혐오감 때문에 거기에서 쉽게 풀려나오지 못했다.

　무의식 속에 자리 잡은 반감을 해소하기는 늘 어렵다. 반감이 만들어지는 과정을 되짚어 가며 역전시켜야 하기 때문이다. 그 일은 심리적인 기술을 요한다. 오랫동안 심리학을 공부하며 아이들에게 적용해 본 나는 제리의 내부에 있는 정신적인 문제와 심리 상태를 추적해 가며 아이를 구체적으로 도울 수 있는 방법을 찾아냈다.

　그 당시 제리는 학교 건물 가운데 하나인 특별실에 새로 마룻바닥을 깔고 벽을 손보는 일을 돕고 있었다. 그 교실에는 커다란 활 모양의 창문도 하나 있었다. 나는 그 곳에 새 마루를 까는 데 필요한 널빤지가 얼마나 될지 면적에 대한 간단한 문제를 하나 만들었다. 그러고 나서 제리의 담임에게 수업시간에 제리에게 그 문제를 풀게 하고 못 풀면 벌을 주는 것처럼 해서 내게 보내라고 부탁했다. 다음날 제리는 손에 시험지를 들고 왔다. 제리와 나는 친구처럼 막역하게 지내는 사이여서 제리는 교실에서 벗어나서 다행이라는 듯이 "수학 문제 때문에 왔어요." 하며 명랑하게 들어섰다. 나는 수학에 대해 억압되어 있는 제리의 감정을 해소시키는 데 우리의 우정이 장애가 됨을 알았다. 그래서 나는 짐짓 엄한 교장다운 표정과 태도를 가장하고 준엄하고 야단치는 말투로 물었다.

　"도대체 그런 더러운 손으로 교장실에 들어오면 어떻게 해. 당장 가서 씻고 와!"

　밝고 명랑했던 제리의 얼굴은 금세 사라지고 풀이 죽어 두려움에 찬 표정을 하고선 손을 씻으러 나갔다. 깨끗하게 손을 씻고 들어오면서도

학습의 두려움에서 해방되기

예전의 친절한 내 모습을 기대했는지 내 표정을 조심스레 살폈지만, 엄하게 굳어 있는 내 얼굴과 태도를 보고 제리는 힘없이 손에 들려 있는 시험지에 눈을 떨구었다. 이마에는 작은 땀방울이 맺히기 시작했다.

"손에 든 건 뭐지?"

나는 더욱 위엄 있는 목소리로 물었다.

"선생님이 이 시험지를 가지고 교장선생님께 가라고 하셨어요. 저는 이 수학 문제를 풀 수 없었거든요."

제리는 자신의 상황을 내가 이해해 주리라고 믿는 것처럼 희망에 찬 목소리로 말했다. 나는 제리가 나에게 친근감과 편안함을 느낄까봐 더욱 목소리에 힘을 주어 말했다.

"선생님이 누구냐?"

"버…어…넘… 선생님이요."

제리는 더듬거리며 말했다.

"앞으로는 어떤 선생님인지 성까지 확실하게 말하도록 해! 그런데 왜 그런 수학 문제도 못 풀어서 여기까지 온 거야!"

내가 닦달하자 그는 정말로 절망하고 낙담한 모습이었다. 제리는 믿을 수 있는 친한 친구 같은 어른을 잃어버린 듯한 표정이었고, 그 모습에 나도 무척이나 마음이 아팠지만, 제리의 억눌린 감정을 다 토해내게 할 때까지 참아야 했다.

"넌 아주 게을러 빠진 아이구나, 우리 학교에서 너한테 쏟아부은 노력이 아무 보람이 없어. 네가 얼마나 게으름을 피우고 있는지 이제 다 밝혀내야겠어!"

내가 고함을 치며 제리 손에 들린 시험지를 빼앗았다. 그때 제리의 이마는 땀으로 범벅이 되어 있었고 내가 큰 소리로 시험지에 있는 문제를 읽자, 마른 입술을 깨물며 이마의 땀을 훔쳤다.

"너는 왜 이렇게 간단한 수학 문제를 풀 수 없지? 그 이유가 뭔지 말해 봐."

"네? 아…그게….”

제리는 당황하며 더듬거렸다.

"이런! 창피하게, 이렇게 쉽고 간단한 문제를 못 풀다니! 네 나이 또래 아이들은 이런 쉬운 문제는 암산으로도 다 풀 수 있어."

나는 엄하게 말하면서 그의 표정이나 태도를 주의 깊게 살펴보았다.

"자, 여길 봐! 지금은 내가 이 문제를 풀어 줄 거야. 하지만 이런 쉬운 문제를 풀지 못해 쩔쩔 맨다는 소리가 한 번만 더 들리기만 해 봐. 앞으로 부끄럽지 않게 네가 풀어야 해."

나는 연필을 들고 문제를 풀기 시작했다.

"그 방은 세로가 14.5미터이고 가로가 11미터야. 방의 넓이를 알려면 14.5에다 11을 곱하면 되지."

"네, 선생님."

제리는 여전히 땀을 닦으며 대답했다.

"11곱하기 4는 44이고, 11곱하기 10은 110이니까 여기 올라온 40을 더하면 음… 154야. 이게 뭐가 어려워! 이제 네가 다시 한 번 풀어 봐!"

"선생님, 그런데 방의 세로 길이는 14.5미터인데요."

제리는 조심스럽게 덧붙여 말했다.

"그래? 아 맞아. 0.5미터를 빼먹었구나. 그럼 보자. 0.5에다가 11을 곱하면 5.5가 되고 이것을 145에 더하면…."

"선생님 145가 아니고 154인데요."

제리는 좀더 자신에 찬 목소리로 꿋꿋하게 서서 계산에 끼어들었다.

"아, 그랬던가? 어디 보자, 그래 네가 맞구나."

나는 당황한 듯 말했다.

"그러면 154하고 5.5를 더하면… 그러니까… 이런 문제는 연습장에다 풀어야겠구나. 수학에서는 정확성이 중요하지 시간은 별로 문제가 되지 않아."

나는 다른 연습장을 꺼내 문제를 다시 읽고는 계산하기 위한 그림과 구구단 셈표를 그렸다.

"자, 이렇게 하니까 그 방의 넓이가 나오는군. 이 방은 159.5 제곱미터야. 그러니까 필요한 나무 널빤지 수는 음… 널빤지 크기가 얼마더라, 제리?"

"길이가 2미터에 넓이는 70센티미터에 볼록하고 오목한 홈이 파인 널빤지예요."

제리는 어느새 내 곁에 서서 생기 있는 목소리로 대답했다.

"아, 그래? 그러면 각 널빤지는 음… 너비가 70센티미터니까 미터로 환산하면 0.7미터가 되고…."

"각 널빤지의 넓이는 1.4제곱미터예요."

제리가 내 말을 가로채며 말했다.

"2미터 길이의 널빤지가 마룻바닥 길이와 같도록 개수를 맞춰야 해요. 목공소 폴 아저씨가 예전에 가르쳐 줬거든요."

"어? 그렇구나. 그럼 1.4제곱미터 널빤지와 159.5제곱미터의 바닥이니까…."

내가 연습장에다가 숫자를 열심히 쓰자 제리는 목을 길게 내밀고는 내 의자에 비스듬히 기대어 문제에 집중했다.

"잠깐만요! 그 널빤지들은 오목한 홈이 파여 있어서 그 홈 간격을 생각해야 돼요."

제리는 흥분해서 소리쳤다.

"그게 무슨 말이지? 오호라! 맞아. 나도 알고 있었어. 지금 막 그걸 계산하려던 참이야."

나는 짐짓 위엄 있는 태도로 되물었다.

"그걸 계산하려면 홈의 크기를 알아야 하는데… 홈의 크기가 어떻게 되는지 아니, 제리?"

"그건 몰라요."

제리의 목소리는 다시 평상시처럼 활기차고 친숙해져 있었다.

"제리, 네 머리로 그 홈의 크기를 안다 해도 계산하는 건 무리겠지?"

나는 빈정대는 말로 그의 주의를 끌면서 표정을 살폈다. 제리는 내가 어려워하면서 혼동하고 있는 것을 통쾌해하며 자기가 문제를 푸는 데

일조한 것에 만족스러운 듯 웃음을 짓고 있었다.

"선생님, 그것 말고도 활 모양의 창문도 빠뜨렸어요. 거기에 얼마만큼의 길이가 필요한지는 아직 계산도 안 했고요. 이 활 모양 계산도 쉽지 않은데 선생님이 푸실 수 있겠어요?"

제리는 어린 악당처럼 나를 놀리고 있었다. 나는 겉으로 난처한 표정을 지었지만, 제리의 마음속에서 억눌린 감정의 덩어리가 깨지는 것을 볼 수 있었기에 더없이 기뻤다.

"제리, 난 지금 알란 씨네 말이 아프다고 해서 가야 해. 이런 하찮은 문제에 시간을 빼앗길 틈이 없어. 네가 그 문제를 계속 풀든 말든 앞으론 내가 바쁠 때 나를 방해하는 일이 없도록 해!"

모자를 집어 들고 나오는 나를 보며 처음엔 어리둥절하던 제리가 이제야 눈치를 챘다는 듯 환하게 웃으며 내게 윙크를 했다.

이것이 바로 밤 11시 15분에 제리가 불을 켜고 '수학 공부'를 한 혐의로 기소된 그 전날에 있었던 일이다.

부록 | 니일이 말하는
　　　호머 레인

서머힐을 만든
A.S. 니일이 말하는 호머 레인

내 인생에 가장 큰 영향을 미친 사람, 즉 나에게 가장 많은 영감을 준 사람은 아마 호머 레인일 것이다. 레인은 미국인이지만, 그의 활동은 미국보다는 영국에서 더 널리 알려져 있다. 그는 미국에서 자유와 자치의 원리에 따라 소년원을 운영하다가, 몇몇 유명한 사회개혁가들로부터 영국에서 문제 청소년들을 위한 시설을 운영해 보라는 요청을 받고 리틀 코먼웰스를 맡게 된다.

그가 태어난 나라에서는 그를 잘 모른다는 게 놀랍다. 미국에서 오는 많은 편지들을 살펴보면, 미국 학교들도 다른 나라의 학교들처럼 그리 좋은 편이 못 된다. 그들 역시 공부, 대학 학위 그리고 세속적인 성공에 목매고 있다. 호머 레인은 그와 다른 길을 보여 주었다. 그것은 감정이 자유로워지면 지적 능력도 자연스레 함양된다는 것이었다.

이 글은 A.S. 니일이 쓴 『자유로운 아이들 서머힐』(아름드리미디어)에서 뽑아서 다시 정리한 것이다.

나는 1917년 도싯 주에 있는 리틀 코먼웰스로 찾아가 레인을 처음 만났다. 1913년에 레인은 모든 구성원들이 한 표씩의 투표권을 행사하며 민주적인 자치제로 운영되고 있는 그곳 비행 청소년 공동체의 관리자로 임명되었다. 당시 나는 아동심리학에 대해 아무것도 모르는 상태로 자유를 암중모색하는 세 권의 책을 써 낸 상태였다. 기존의 교육이 모두 잘못되었다는 생각이 그 책들을 집필한 동기였지만, 그 잘못이 어디에서 연유하는 것인지는 몰랐다. 내가 리틀 코먼웰스를 처음 방문했을 때는 자치회의가 격렬하게 진행되는 중이었고 레인과 나는 밤늦게까지 자지 않고 이야기를 나누었다.(아니, 레인이 말하고 나는 주로 그의 말을 들었다.) 나는 아동심리학이나 역동심리학에 대해 한 번도 들어 본 적이 없었다. 그날 나는 새벽 3시까지 자신의 방법에 관해 설명하는 레인의 말을 들었다.

그날 밤 레인은 내게 해결책을 보여 주었다. '아이들의 편에' 서는 것이 유일한 길이라는 것이었다. 그것은 모든 처벌과 두려움 그리고 외적 규율을 없애는 것을 의미했다. 또한 그것은 공동체의 자치를 제외한, 외부로부터의 어떠한 강제 없이도 아이들 스스로 나름대로 성장해 간다고 믿는 것을 의미했다. 또 그것은 공부를 원래의 자리에, 즉 생활보다 덜 중요한 위치에 놓는 것을 의미했다. 교장이던 나는 그때까지 지식을 성공의 기준으로 삼고 있었다. 레인은 감정이 지적 능력보다 훨씬 더 강력하고 중요하다고 설명했다.

사실, 레인의 코먼웰스는 학교가 아니었다. 그곳에 있는 아이들 대부분은 이전에 형편없는 교육을 받았다. 또 자치회의에서 발언을 할 때는 그렇지 않았지만, 대체로 자기 생각이나 감정을 분명하게 표현하지 못했다. 그곳의 '학교 공부'는 수학이나 역사가 아니라 집을 짓거나 소젖을 짜는 것이었다. 레인이 한 일이 교과를 가르치는 교사들에게는 별것 아닌 것으로 보일지 모르지만, 집이나 학교 혹은 소년원에서 실제로 아이들을 만나는 사람들에게는 대단히 중요한 것이다. 레인은 교육대학 학생들이 학교에서 배우지 못하는 중요한 교훈을 들려준다. 그것은 바로, 두려움을 수반하게 마련인 위엄이나 존경을 내세우고 강요하는 일 없이, 아이들 내면으로 깊이 들어가서 동기를 찾고, 아이들을 인정하고, 아이들과 더불어 살아야 한다는 것이다.

    나는 군복무를 마친 후 코먼웰스에서 레인과 합류할 작정이었다. 하지만 그때 이미 코먼웰스는 내무부의 명령으로 문을 닫은 뒤였다. 몇 차례 잠깐씩 방문한 것으로는 코먼웰스를 충분히 알 수 없었다. 나는 2년 동안 레인의 집에서 매주 일요일 저녁식사를 함께 했다. 그리고 거기서 코먼웰스 젊은이들을 직접 만나면서 코먼웰스의 전모를 알게 되었다. 그들 대부분이 한때 재판정에 선 경험이 있었지만, 내 눈에는 조용하고 사회적이고 순한 젊은이들로 보였다. 코먼웰스가 없었더라면 그들은 분명 감옥에 갔을 터였다. 미움과 처벌은 어느 누구도 치유할 수 없으며 오직 사랑만이 치유할 수 있다는 사실을 그들은 입증해 보여 주었다. 레인에게 사랑이란 바로 인정과 받아들임을 의미했다.

레인의 생각은 완전히 무르익지 않았는데, 아마 그래서 레인의 메시지가 평이해 보이는지도 모른다. 교육을 받지 못한 노동자라도 레인의 철학을 적어도 일부는 이해할 수 있다. 레인은 곧잘 실제 경험을 예로 들어 말했다. 한번은 소년법원에서 문제아를 넘겨받은 레인이 그 아이에게 1파운드를 건네며 리틀 코먼웰스로 가는 길을 가르쳐주었다. 그러자 어떤 사람이 "레인, 그 아이는 돈을 다 써 버리고 코먼웰스로 가지 않을 겁니다." 하고 말하자 레인은 웃으며 대답했다. "안 그럴 겁니다. 하지만 만일 내가 그 아이한테 '네가 기차를 탈 거라고 믿어' 하고 말했다면 아마 그 아이는 돈을 다 써 버릴 겁니다. 왜냐면 그 아이에게는 내 말이 자기를 전혀 믿지 않는다는 말로 들렸을 테니까요." 그 아이는 혼자 기차를 타고 코먼웰스로 찾아와 거스름돈을 레인에게 건네주었다.

한번은 레인이 코먼웰스에서 남자아이들과 함께 담을 쌓고 있었다. 레인이 쌓은 담장은 훌륭했다.(레인은 손으로 하는 모든 일에 능숙했다.) 그런데 벽돌 쌓는 일을 탐탁지 않게 여기던 아이들이 노닥거리기 시작하더니 마침내는 자기네가 쌓은 담을 부숴 버렸다. 그러자 레인도 곧바로 자기가 쌓은 담장 모서리를 부숴 버렸다. 아마 교육을 받지 못한 사람은 레인이 한 행동의 동기를 의식적으로 이해할 수 없을지도 모른다. 하지만 그의 행동은 무의식에 충격을 주는 사건이다.

나는 코먼웰스가 문을 닫은 뒤에, 그러니까 나쁜 시기에 레인을 만났다. 그는 런던에서 치료사로 개업을 했고, 나는 그의 첫 정신분석 환자가 되었다. 하지만 그 일은 그에게 잘 맞지 않았다. 다행히 그는 많은 강연과 세미나에서 강의를 했고, 거기서는 뛰어난 능력을 발휘했다. 레인은 말로 표현하기 어려운 재주를 가졌는데, 강한 자석처럼 사람들을 휘어잡아 끌어당기는 매력이 있었다. 이로 인해 그를 거의 무비판적으로 추종하는 사람들이 생겨나면서 오히려 상황이 나빠졌다.

이런 일도 있었다. 우리는 세미나에서 성性에 대한 그의 태도를 설명해 달라고 요구하곤 했다. 왜 코먼웰스에서 성에 대해 그렇게 걱정을 했느냐고. 당연히 그는 사회적 조건과 국가의 통제 때문에 사춘기의 아이들에게 성생활을 허락할 수 없었노라고 대답했어야만 했다. 하지만 그는 우리에게 사춘기의 아이들에게 완전한 성생활을 허락하면 안 좋을 거라는 이론적인 합리화로 들리는 대답들만 늘어놓곤 했다. 그의 복잡한 논의는 우리를 만족시키지 못했다. 레인이 어린 시절 뉴잉글랜드 청교도주의의 도덕적 엄격주의를 극복하지 못한 것이 아닌가 하는 생각이 든다.

종교에 대한 레인의 태도가 어떠한지 나는 전혀 알 수 없었다. 그는 영성에 관해 많은 말을 했다. 내 느낌으로는 소유욕과 뚜렷이 대조되는 창조성을 의미한 것이 아닌가 싶다. 레인이 교회에 나가 예배를 올리는 식의 어떤 의식적인 종교를 가지고 있었다고는 생각하지 않는다. 레인이 천국과 지옥을 믿지 않았다는 것은 확실하다. 레인은 흔히 신에 대해 말했는데, 내 생각에 그 신은 우리의 행위 하나하나를 지켜보는 하나님 아버지가 아니라 생명력을 의미했다. 레인에게는 종교가 필요없었다.

만약 종교가 사랑을 베풀고 미움을 거두는 것을 의미한다면, 레인은 종교를 삶으로 몸소 실천해냈다.

    레인은 만사를 너무 단순화시켜 버렸다. 레인이 제이슨에게 컵과 접시를 깨 버리라고 용기를 북돋우자, 제이슨은 부지깽이를 내던지고는 눈물을 흘리며 달려 나갔다고 했다. 레인은 이 사건을 통해 그 아이의 억압이 해소되었다고 주장했다. 억압된 감정들이 단숨에 풀려 쏟아져 나왔다는 것이다. 나는 그 말을 믿지 않는다. 지금 돌이켜보면, 그의 주장은 너무 지나치다는 생각이 든다. 그와 같은 극적인 치유란 없다. 모든 치유에는 기나긴 시간이 필요하다. 사실 레인이 한 행동이 치유의 시작이기는 하지만, 한 번의 사건으로 충분하다고 주장해서는 안 된다. 만일 그렇다면, 단 십 분 만에 제이슨이 새로운 아이가 되었다는 사실을 당연하게 받아들여야 하기 때문이다. 하지만 레인이 우리에게 거짓말을 했던 것은 아니다. 그는 어떤 일화에 자기 나름의 중요성을 부여함으로써 자신의 논지를 입증하고자 했을 따름이다.

    레인은 직관력이 있는 천재로, 책을 통해 많은 것을 배운 사람이 아니었다. 그는 내가 알고 있는 어떤 사람보다도 아이들을 잘 이해하고 아이들에게 사랑을 주는 능력을 많이 지니고 있었다. 정서 장애가 있는 아이들을 다루는 그의 방법은 현장에서 일하는 모든 이들에게 전범이 되었다. 심리학에 관한 그의 이론이 코먼웰스의 비행 청소년들에게 어떤 영향을 끼치지는 못했다고 생각한다. 그 아이들을 도운 것은 레인의 따뜻한 인품과 푸근한 미소 그리고 유머였다고 나는 확신한다.

레인은 흔히 천재에게서 보이는 특질을 가지고 있었다. 말하자면, 피아노를 칠 때 손가락 연습을 하지 않고도 바로 기본음들을 치는 능력 같은 것 말이다. 레인에게는 겉으로 드러나는 관습적인 행동이나 피상적인 예절의 이면을 속속들이 꿰뚫어보는 능력이 있었다. 그는 종종 범죄의 이면에는 선한 동기가 숨어 있다고 말했다. 이 말은, 곧 삶에서 기쁨을 찾으려고 범죄를 저지른다는 의미라고 생각한다. 아무런 삶의 기쁨도 없는 빈민가에서 자란 가난한 아이는 좀도둑질이라는 하찮은 길을 좇는다. 왜냐하면 불평등한 사회에서 가난하게 살아온 그 아이에게는 자유와 행복으로 가는 문들이 가로막혀 있기 때문이다. 아이들을 대하는 태도에서 레인에게 감명을 받은 나는, '정상적인' 아이들을 받기 전에 많은 문제아들을 맡았다. 그중에서 안정되고 건강한 시민으로 성장하지 못한 아이는 딱 한 명이었다.

레인은 어떤 사람이었는가? 그는 멋진 미소를 지녔고 깊은 연민과 유머를 가진 사람이었다. 때때로 그의 적들조차 그의 매력에 빠졌다. 아이들은 그를 사랑했다. 레인은 사방에 온기를 퍼뜨렸고, 여성들을 끌어당기는 매력을 갖고 있었다. 우리 모두는 그에 대해 사랑과 미움을 동시에 느꼈다. 하지만 내 경우에는 미움보다 사랑이 더 컸다.

나는 레인이 리틀 코먼웰스의 아이들을 치유하는 모습이 너무나 기쁘고 놀라웠기 때문에 레인에 대해 비판적인 입장을 취하기가 힘들었다.

레인은 어른들을 받아들이지 말았어야 했다. 이미 말했듯이, 그는 너무 어른답지 않았고 너무 단순했으며 또 너무 사람을 잘 믿었다. 언젠가 그는 어떤 병적인 여자로부터 돈을 선물로 받았다. 또 하마터면 그 여자에게 값비싼 차를 받을 뻔했다. 그런데 은행에서 수표에 대한 지불을 거절했다. 그 여자의 예금계좌가 바닥이 났던 것이다. 이런 일들과 더불어 자신의 여성 환자들과 잠자리를 같이 했다는 비난 때문에, 레인은 법정의 피고석에 서야 했고 결국에는 파탄을 맞아야 했다.

레인은 수수께끼 같은 인물이었으며, 터무니없는 말을 잘 꾸며내는 공상가였다. 그는 우리에게 자신의 소년 시절 이야기를 했는데, 모두 지어낸 이야기였다. 그는 세상의 좋은 것들을 좋아하는 사람, 간단히 말해 우리와 같은 평범한 사람이었다. 하지만 그는 인간의 나약함을 넘어서는 뭔가를 지니고 있었는데, 그것은 바로 인간의 살갗 속을 꿰뚫어 보는 능력이었다. 그것을 천재성, 직관력, 뭐라고 불러도 상관없다. 파악할 수도 없고 흉내 낼 수도 없으니까. 그런데 레인이 가르친 모든 것을 무비판적으로 받아들여서는 안 된다. 다행히도 어떤 우상이든 숨겨진 약점이 있게 마련이다.

안타깝게도 기성 권력은 레인의 가르침을 따르지 않았다. 그의 영향력은 제한되었다. 1925년 레인이 죽은 이래로 문제아를 위한 국가 제도들은 자유와 이해를 지지하는 쪽으로 변화하지 않았다. 내가 이 글을 쓰고 있는 오늘날에도 영국에서는 장애아들을 때리는 것을 공식적으로 금지하지 않는다. 그 문제는 학교장의 재량에 맡겨져 있지만, 많은 경우 판단은 경솔하게 내려진다. 레인이 죽은 지 40년이 넘게 지났지만, 그가 공식 정책에 미친 영향이 아주 미미하다는 것은 분명하다. 정말 인간적으로 접근하고자 하는 영국의 많은 교사들을 무시할 의도는 전혀 없지만 말이다.

레인은 국가 제도의 바깥에서는 어느 정도 영향을 미쳤다. 그리고 공정하게 말한다면, 국가 체계 안의 몇몇 학교들도 미움이 아닌 사랑으로 운영되고 있다. 나부터 레인에게 많은 빚을 지고 있다. 레인은 내게 아동심리학을 소개했다. 내가 알기로, 레인은 아이들을 다루는 문제에서 처음으로 심층심리학을 도입한 사람이었다. 그것은 공적인 체계 안에서는 결코 쓰지 않는 방법이었다. 내가 서머힐에 자치를 도입한 것 역시 레인에게서 나온 생각이었다. 레인은 내게 비행非行의 원인을 깊이 살펴보아야 할 필요성을 알려 주었다. 하지만 영국의 수많은 교사들이 레인에 대해 얼마나 많이 알고 있는지는 의문이다. 내가 강연에서 레인을 언급하면 대다수의 학생들과 교사들은 멍한 표정을 짓는다.

내게 레인은 신의 계시와 같았다. 레인은 길을 보여 주었고 나는 늘 그것을 인정해 왔다. 많은 사람들이 서머힐의 영향을 받았음에도 책이나 글에서는 그 사실을 인정하지 않는다고 내가 말할 때, 그건 결코 잘난 체 하는 게 아니다. 사정은 언제나 그런 법이다. 그것이 결국에는 중요한 문제가 아니라는 사실을 나도 인정한다. 하지만 그 원천에 대해서는 정직하게 인정해야 한다고 생각한다.

레인은 구세주가 아니었다. 불운한 사람, 그는 자신조차 구할 수 없었다! 그런데 교육계에서 그를 무시해 왔다는 사실은, 아이들에게 사랑을 주는 일 역시 무시당하고 있음을 증명한다. 인간이 저지르는 해악 중 하나는, 아이들에게 어떻게 살아야 하는지에 대해 끊임없이 이야기를 해 대는 것이다. 우리의 모든 교육 체계는 앞선 세대의 틀에 맞춰 아이들을 붕어빵처럼 찍어내려고 기를 쓴다. 다음에는 그 아이들이 커서 자기 자식들에게 그렇게 한다. 그 결과가 바로 죄와 미움과 전쟁으로 가득 찬 병든 세상이다. 이런 식으로 악순환이 계속되고, 수없이 많은 아이들은 불행과 몸과 마음을 억누르는 팽팽한 긴장 속에 처하게 된다. 이런 전통이 짓누르는 무게는 너무나 무거워서, 천 명 중에 오직 한 명만이 사회의 도덕과 금기에 도전할 수 있거나 도전하고자 할 뿐이다.

그런 도전자가 나타나면, 호머 레인이나 빌헬름 라이히의 경우처럼 사회는 그를 파멸시킬 것이다. 사회는 프로이트를 파멸시키지는 못했다. 왜냐하면 애초에 걸고 넘어질 만한 타당한 구실을 찾을 수 없었기 때문이다. 레인과 라이히는 죄를 뒤집어쓰고 법정에 섰다. 말하자면 사악한 인간으로 매도된 것이다. 그것은 옴짝달싹할 수 없는 진창이었다. 심지어 오늘날까지도 오스카 와일드는 뛰어나고 호감이 가는 재사才士로 대접받지 못한다. 그는 너무나 자주 동성애자로 취급된다. "사람이 저지른 사악한 행위는 죽은 뒤에도 살아남고, 선한 행위는 흔히 그 사람의 뼈와 함께 땅에 묻히고 만다." 하지만 레인과 라이히는 결코 사악한 짓을 저지르지 않았다. 레인은 자신의 개성 때문에 파멸했다. 피터

팬처럼 그는 돈이나 법적 의무 혹은 인습 같은 것들을 이해하거나 이해하고 싶어 하도록 성장하지 못했다. 라이히의 인생도 갑작스레 끝을 맺었는데, 그것은 라이히가 병든 세상과 타협하지 않았기 때문이다. 우리 모두가 죽고 나면, 이 두 사람은 위대한 인물로 칭송받게 될 것이다.

왜 인류는 호머 레인이 아니라 히틀러 같은 인물을 택할까? 왜 평화가 아니라 전쟁을 택할까? 그리고 범죄자들에 대해서는 심리학적이고 사회적인 처우가 아니라 비인간적인 조치를 택할까? 아마도 사랑을 두려워하고, 다정함을 두려워하기 때문이리라.

레인의 비극은, 그가 문제아들과 함께 위대한 일을 이루어낸 인물이 아니라 사회적인 스캔들과 연관된 사람으로 인식되었다는 것이었다. 스캔들이 한 사람의 업적을 영원히 지워버릴 수는 없다. 하지만 그가 살아 있는 동안에는 그렇게 할 수 있다. 신문에서 레인의 부고를 접했을 때, 나는 내가 웃고 있음을 알았다. 나 자신이 참 무정하다는 생각이 들었다. 하지만 나중에 내가 그런 행동을 한 진짜 이유를 알아낼 수 있었다. 마침내 나는 자유로워졌던 것이다. 그때까지 나는 레인에게 의존해왔다. 이에 대해 레인은 뭐라고 말할까? 이제 나는 혼자 힘으로 서야만 했다.

옮긴이의 말

학교 안팎에서 아이들을 만나며
또 나를 만나며

처음 이 책을 접한 것은 이십여 년 전 대학 신입생 때였다. 초등학교 교사가 되겠다는 부푼 꿈을 안고 교대에 들어간 그해 교육철학 수업시간에 복사용지로 제본된 『아동교육론』이란 제목의 책을 처음 만났다. 현대 교육에 큰 반향을 불러일으킨 서머힐을 설립한 니일이 가장 영향을 많이 받았다는 호머 레인이 어떤 사람일까 궁금하기도 했지만, 당시에는 도대체 저자가 무엇을 말하고 있는지 명확히 느껴지지가 않았다. 막연히 유아기부터 청소년기까지 시기마다 적절한 배려와 관심을 쏟아야 한다는 것 정도만 공감할 수 있었다.

시간이 훌쩍 지나 어느새 나도 청소년기에 접어든 딸아이의 엄마가 되고, 허구한 날 사고를 치는 말썽꾸러기 초등학생 아이들의 담임으로 살다 보니 호머 레인이 하고 싶은 말이 무엇이었을까 다시 곰곰이 되짚어보게 된다. 아무에게나 어디서나 툭툭 던지는 아이들의 싸가지 없는 말들, 조폭도 아닌 조그만 녀석들이 서열을 정하고 협박하고 싸우는 일들, 하지 말라고 하는 일들만 골라서 하는 것 같은 녀석들, 앞에서 아무리 좋은 말을 떠들어대도 머릿속으론 이미 딴 세상에서 놀고 있는 아이들, 은밀한 곳을 찾아다니며 찐한 스킨십을 즐기는 초딩들…. 이런 행동들이 유아기의 호기심과 상상력의 시기, 충성심의 시기에서 충족되지 않은 욕구들로 인해 불쑥불쑥 튀어나온다는 호머 레인의 말을 비로소 피부로 느끼고 있다.

아이들을 어디서부터 어디까지 이해하고 지도해야 할지 사건이 터질 때마다 늘 새롭고 당황스럽다. 세상에 태어나 단 한 사람의 속마음도 제대로 아는 것은 불가능하다는 말처럼 사람을 대하고, 이해하고, 함께 성장해 간다는 건 정말 정답도 없고 어려운 일이다. 내 배로 낳은 자식이건, 학교에서 만나는 아이들이건 매 순간 어떻게 처신해야 할지 알면 알수록 더 어려워진다. 어른들은 지금도 여전히 전통적인 방식대로 아이들이 잘못된 행동을 했을 때 야단치고 벌을 준다. 그 반대의 경우에는 상을 주고 칭찬을 한다. 이에 잘 따르는 아이들도 있는 반면, 그 방법이 통하지 않는 아이들이 점점 더 많아지고 있다. 이를 어떻게 해야 할까? 한 번 야단치면 철저히 복종하는 통제하기 쉬운 아이들은 점점 무기력해지고, 어떠한 방법에도 굴하지 않고 말썽만 피우는 아이는 점점 더 난폭해져 간다.

호머 레인이 코먼웰스에서 아이들을 만나는 모습을 보면서 내가 만나고 있는 아이들과의 관계를 되돌아보았다. 그 시대나 지금이나 부모(가정환경)와 사회, 학교에서 수많은 아이들은 관계 속에서 싱처받고, 싸우고, 반사회적인 행동을 일삼기도 한다. 지독히 완벽한 엄마의 그늘 아래에서 늘 자신이 완벽해야 한다는 강박관념을 갖고 자란 어떤 아이는 다른 아이가 자신보다 무엇 하나라도 잘하는 것이 있으면 사소한 일을 꼬투리 삼아 싸우기도 한다. 그러나 나는 그 아이의 엄마에게 그런 행동이 당신 때문이라고 말하지 못한다. 두세 번 만나 상담을 했지만 그 집안의 사정이 있을 것이고, 어머니도 워낙 완강한 분이라 그런 충고를 할 용기가 나지 않는다. 그리고 그 때문일 것이라는 확신도 사실은 없다. 아직도 멀었다.

이 책을 번역하기 시작할 즈음, 소년원에 가기에는 가벼운 범죄를 저지른 청소년들을 임시 수용하는 교도학교에서 한 달에 두 번씩 진행되는 교정 프로그램을 돕게 되었다. 이곳은 ○○여자학교라는 지역 대안 교육센터로 인가된 법무부 관할 청소년 보호수용소다. 건물도 깔끔하게 리모델링 한 기숙학교 같은 곳으로, 일반학교처럼 도서실과 체육관을 갖추었으며 아이들은 교복 대신 밝은 색깔의 체육복을 입고 상담과 교육을 받는다. 여러 종교 단체에서 다양한 프로그램을 실시하고, 모범생들에게는 특박도 주어진다. 그러나 그곳에는 언제나 이중삼중으로 비밀번호를 입력해야 열리는 문들과 엄격한 규율이 있다. 아이들끼리는 이곳을 군대라고 부른다.

내가 참여하는 교정 프로그램에서 간식을 나눠 먹고 심리 테스트나 역할극, 마음을 나누는 게임을 할 때 아이들은 정말 해맑은 얼굴로 깔깔

거린다. 간식을 먹을 때는 옆에 있는 친구 입에도 넣어 주고 프로그램을 진행하는 어른들에게도 같이 먹자는 말을 빼놓지 않는다. 뭔가 부족한 것이 있을 때면 매번 자기가 양보하겠다는 예의 바른 아이들도 있다. 가벼운 범행을 저지른 아이들이어서일까, 아이들은 정말 착하고 순수하게 느껴진다. 오히려 바깥에서 만나는 평범한 아이들이 더 영악하게 보일 정도다.

그러나 이 아이들이 전국 각지에서 소년 초범으로 분류되어 이곳으로 오기까지 분명 크고 작은 반사회적인 행동으로 자기 자신뿐 아니라 주위 사람들에게 상처와 고통을 주었을 것이다. 지금 이 맑은 얼굴 뒤에는 또 다른 생각과 행동들이 감춰져 있을 것이다. 이곳에서 가해지는 벌은 제한된 공간에서 제한된 행동만을 하도록 하는 것이다. 정해진 규율을 지키지 못하면 벌을 받고 조용히 그 질서 안에서 순응하도록 가르치는 일이다. 응어리진 내면의 갈등을 풀어 주기보다 가능한 그것을 더 깊이 묻어 버리고 사회가 정한 길에서 엇나가지 않도록 순종을 가르친다. 이곳을 떠난 아이들은 다시 들어오는 일이 잦다.

아이들을 교정하려면 그것으로 충분하지 못함을 모두가 안다. 반사회적인 행동을 하는 아이들을 격리시키고 교육 프로그램으로 그 아이를 재교육해 보려 하지만, 제대로 먹히지 않는다. 이곳 선생님들도 그들 나름 최선을 다하고 있다. 사랑으로 아이들을 대하고 그들의 마음이 바뀌기를 바라며 노력하는 선생님도 많다. 그러나 아이들은 여기를 나가면 대부분 일반학교로 돌아가지 않는다. 검정고시를 보거나 일찌감치

생업 전선으로 나선다. '알바 전선'이라고 하는 것이 더 정확하겠지. 우리 사회는 이 아이들이 살아가기에 점점 더 어려워진다. 레인이 운영한 코먼웰스처럼 자치적인 보호수용소를 만들 수는 없겠지만 그런 시도가 한 군데만이라도 있었으면 하는 소망을 갖는 것은 욕심일까? 아이들이 보여 주는 모습 너머의 과정을 이해하고 읽어낼 수 있다면, 우리 사회의 수많은 범죄들이 눈에 띄게 줄어들지 않을까? 많은 일반 학교들도 마찬가지다. 조금만 더 아이의 내면을 바라보면서 한 발 좀 더디게 가더라도, 다르게 행동하더라도 불안해하지 않는 마음을 가질 수는 없을까?

어렵다. 내 딸의 사소한 문제 행동에 13년을 같이 살아온 엄마인 나도 발끈하는데, 잠깐밖에 접할 수 없는 수많은 아이들을 찬찬히 바라보고, 그 내면을 이해하기 위해 한 박자 쉬어간다는 건 정말 어려운 일이다. 사람을 대하는 일에 천부적인 재능과 뛰어난 통찰력을 지닌 레인 같은 사람만이 할 수 있는 일처럼 보이기도 한다. 물론 요즘도 책이나 주변 기사들을 통해 레인과 같은 교육활동을 하는 사람들의 이야기를 접하기도 한다. 그들도 또한 나 같은 평범한 사람은 엄두도 못 낼 엄청난 사람들처럼 느껴진다. 그럼에도 이 책을 옮기면서 마냥 내가 어리석고 무능하게 느껴지지만은 않았다. 어렴풋이 알고 있던 아이들의 성장과정과 행동 특성을 좀더 명확하게 그려 볼 수 있게 되었고, 그런 행동을 하는 내면의 동기들을 조금씩 이해할 수 있었기 때문이다.

아이와의 관계뿐만이 아니다. 나는 나 자신에 대해서도 다시 돌아보게 되었다. 어른이 되어서도 무슨 일이든 마음을 붙이지 못하고 불안해하는 것, 다른 사람들의 애정에 목말라하는 것과 같이 옴짝달싹 못하게 얽매여 있는 것들이 나의 유년기부터 형성된 삶의 흔적이란 것을 받아들이고서는 마음이 한결 편안해졌다. 백여 년 전에 살았던 호머 레인에게 이렇게 마음의 위안을 받게 될 줄이야. 단지 글을 글로 읽는 것이 아니라 그 문장 속에 숨겨진 의미들을 내 삶의 현재와 과거, 나의 생각과 감정, 태도에 적용시키다 보니 내 안에 응어리진 엉킨 실타래가 하나씩 풀려 나갔다.

여전히 나는 삶을 어떻게 꾸려가야 할지 잘 모른다. 여전히 사춘기 딸아이를 어떻게 대해야 할지, 오늘도 교장실에 불려간 말썽꾸러기 우리 반 아이를 어떻게 대해야 하는지 정답을 모른다. 그러나 더 이상 불안해하고 답답해하진 않는다. 어떻게 아이들을 만나고 문제를 풀어 나갈지 들여다볼 여유가 생겼다. 내가 맞닥뜨리고 있는 상황들이, 이 아이들이, 지금 이렇게 보이는 것이 전부가 아니라는 것. 아이들의 행동에 묻힌 깊은 시간들을 함께 만난다는 것을 이제는 가슴으로 받아들일 수 있게 되었다.

이 책은 결국 한 해 동안 나 자신을 되돌아보고 주변의 아이들을 다시 만나게 해준 징검다리였다. 서툰 번역 실력으로 애간장을 태우기도 했지만 결코 포기하고 싶지 않았던 것도 그런 까닭이다. 내 삶에 이런 소중한 기회를 준 호머 레인에게 깊이 감사한다.

2011년 3월

김영란